Université de France.

ACADÉMIE DE STRASBOURG.

ACTE PUBLIC
POUR LA LICENCE,

PRÉSENTÉ

A LA FACULTÉ DE DROIT DE STRASBOURG,

ET SOUTENU PUBLIQUEMENT

le vendredi, 25 août 1843, à quatre heures,

PAR

ALEXIS-ERNEST VARNIER,

BACHELIER ÈS LETTRES ET EN DROIT,

NÉ A SAINT-DIZIER (DÉPARTEMENT DE LA HAUTE-MARNE).

STRASBOURG,

IMPRIMERIE DE G. SILBERMANN, PLACE SAINT-THOMAS, 3.

1843.

Université de France.

ACADÉMIE DE STRASBOURG.

ACTE PUBLIC
POUR LA LICENCE,

PRÉSENTÉ

A LA FACULTÉ DE DROIT DE STRASBOURG,

ET SOUTENU PUBLIQUEMENT

le vendredi, 25 août 1843, à quatre heures,

PAR

ALEXIS-ERNEST VARNIER,

BACHELIER ÈS LETTRES ET EN DROIT,

NÉ A SAINT-DIZIER (DÉPARTEMENT DE LA HAUTE-MARNE).

STRASBOURG,

IMPRIMERIE DE G. SILBERMANN, PLACE SAINT-THOMAS, 3.

1843.

A MON PÈRE.

A LA MEILLEURE DES MÈRES.

Amour filial.

E. VARNIER.

A M. LOUIS CÉSAR VONDIÈRE,

OFFICIER RETRAITÉ.

Hommage d'une profonde et respectueuse reconnaissance.

E. VARNIER.

FACULTÉ DE DROIT DE STRASBOURG.

M. Rauter, doyen.

M. Bloechel, président de la thèse.

Examinateurs.

MM. Bloechel,
Rauter,
Hepp,
professeurs.
Lafon, professeur suppléant provisoire.

DROIT CIVIL FRANÇAIS.

DE LA PRESCRIPTION EN GÉNÉRAL, ET DU TEMPS REQUIS POUR PRESCRIRE EN PARTICULIER.

(ARTICLES 2260-2281).

CHAPITRE I.

DE LA PRESCRIPTION EN GÉNÉRAL.

PRÉLIMINAIRES.

La *prescription*, porte l'art. 2219 du Code civil, est un moyen d'acquérir ou de se libérer par un certain laps de temps, et sous les conditions déterminées par la loi.

Le temps seul n'opère pas la prescription : tout se fait dans le temps, rien par le temps. Il faut qu'avec le temps concourent la longue inaction du créancier, ou une possession telle que la loi l'exige. Le temps n'intervient que comme mesure des éléments qui forment la base de ce mode d'acquisition ou d'extinction.

De la définition précédente ressort la division de la prescription en *prescription acquisitive* ou *usucapion*, et *prescription extinctive* ou *prescription proprement dite*.

L'*usucapion* est un moyen *sui generis* d'acquérir la propriété, ou plutôt de consolider, à l'aide d'une possession revêtue de certains caractères et continuée pendant un intervalle de temps déterminé, des droits

v

1

de propriété ou de servitude sujets à éviction jusqu'à son accomplissement.

La *prescription proprement dite* est une exception péremptoire, au moyen de laquelle on peut repousser une action, par cela seul que celui qui la forme a négligé, pendant un certain laps de temps, de l'intenter ou d'exercer matériellement le droit auquel elle se rapporte.

Il existe de notables différences entre l'usucapion et la prescription proprement dite.

L'usucapion est fondée sur le besoin d'assurer la stabilité de la propriété des choses particulières; la prescription a pour base la nécessité de garantir le patrimoine des attaques auxquelles il pourrait être exposé. L'usucapion ne peut avoir pour objet que des immeubles corporels ou certains droits de servitude; la prescription atteint toute espèce de droits ou d'actions.

L'usucapion, consolidant à tous égards et envers toute personne, une acquisition préexistante ou supposée telle, donne à la fois une action et une exception; la prescription n'étant qu'un moyen de repousser une action, ne confère jamais qu'une exception (Aubry et Rau, § 209).

La défense de changer son titre n'existe qu'à l'égard de celui qui prescrit pour acquérir; la prescription est nécessairement dirigée contre le titre par celui qui use de la prescription extinctive (C. civ., art. 2240 et 2241).

Quoique la déchéance, prise *sensu lato,* comprenne aussi la prescription extinctive, il existe des différences non moins remarquables entre la prescription extinctive et la déchéance encourue par suite de l'expiration du délai à la durée duquel est circonscrit l'exercice d'une faculté c'est-à-dire d'un moyen juridique accordé par la loi, la convention ou le juge, pour s'assurer un avantage auquel on n'a pas encore un droit acquis, ou pour se garantir du préjudice qui résulterait de la perte définitive d'un droit déjà compromis.

Le délai, à l'expiration duquel la déchéance est accomplie, court, à la différence de la prescription, contre toutes personnes, même contre les mineurs. La déchéance peut résulter non-seulement d'une omission, mais encore d'un fait délictueux et punissable et servir de fondement à une action, comme dans le cas de l'art. 1188, 2ᵉ hyp., tandis que la prescription afin de se libérer est toujours fondée sur une négligence et n'engendre qu'une exception. La déchéance opère le plus souvent de plein droit, à moins que la loi ne la rende facultative ou comminatoire (C. de pr., art. 216 et 229); la prescription a besoin d'être opposée. On ne peut renoncer à une déchéance acquise, édictée dans l'intérêt de l'ordre public (C. de pr., art. 443); on peut toujours renoncer à la prescription échue. En un mot, la déchéance a un caractère de pénalité plus marqué que la prescription. Néanmoins, on appliquera, en tenant compte de ces différences, à la déchéance, les règles que nous allons tracer sur la prescription.

La prescription est-elle une création arbitraire du Droit civil, ou a-t-elle ses racines dans le Droit naturel et dans l'équité?

Caius, Cujas, etc., la proclament du droit civil (L. 1, D. *de usucap.* 41 , 3).

Pour nous, nous distinguons, pour ne pas contrarier l'adage : *Non omne quod licet, honestum est,* entre le cas où la prescription est invoquée par un possesseur de bonne foi et celui où elle l'est par un possesseur de mauvaise foi.

Dans le premier cas, nous rapportons l'origine de la prescription au Droit naturel.

Les droits de chaque membre de la société sont nécessairement limités par la loi du devoir, et quiconque refuse de subir la loi du devoir qui restreint la liberté de chacun, afin d'assurer celle de tous, s'expose à la perte de son droit. Or, lorsqu'un déplacement dans les limites, ou mille autres causes raisonnables m'ayant fait croire que j'avais des droits de propriété sur une chose qui est dans le domaine d'autrui, j'en fais l'objet d'un contrat avec des tiers qui ne peuvent se défier d'une jouissance sans trouble accompagnée d'un titre apparent et coloré, lorsque des familles, des établissements asseoient leur avenir sur ces bases; peut-

on admettre, d'après le Droit naturel, le véritable propriétaire à revendiquer son droit de propriété, lui qui a manqué à son devoir, de
dessiller les yeux au possesseur de bonne foi et d'arrêter la confiance
des tiers en des titres qui leur semblaient incontestables, n'étant pas
contestés. Le véritable propriétaire objecterait en vain qu'il a été lui-
même dans l'ignorance de son droit, car l'oubli de ses propres affaires
n'est excusable qu'autant qu'il ne réfléchit pas sur autrui.

Dans le deuxième cas, nous faisons résider le principe de la prescription dans le Droit conventionnel, qui souvent crée des droits et
des devoirs qui n'ont pas leur fondement dans le Droit naturel. La société, loin d'être un état de sécurité et de protection, serait une source
permanente d'inquiétude, si la propriété n'était protégée entre les
mains des possesseurs et si les débiteurs ne pouvaient acquérir leur
sécurité au bout d'un long temps; car les titres d'acquisition peuvent
s'égarer et les actes de payement se perdre : *ancienneté a autorité*, dit
Loisel (L. 5, tit. 3, n° 1). C'est à cause des services que la prescription
rend ainsi à la société, qu'elle a été nommée la *patronne du genre hu-
main;* qu'elle a fait dire à Cassiodore : *Hic unus, inter humanas pro-
cellas portus, quem, si, homines fervidâ voluntate prœterierint, in undosis
semper jurgiis errabunt;* et qu'elle a mérité ces paroles de Cicéron : *Finis
sollicitudinis ac periculi litium. (Pro cœcinâ,* n° 26.) Dans beaucoup de
cas d'ailleurs, on peut raisonnablement supposer un abandon volontaire du maître : *Vix est ut non videatur alienare, qui patitur usucapi*
(L. 28, *ff. de verb. signif.*). Mais, dans tous, on ne lui doit pas compte
de la lésion qu'il peut éprouver : *Damnum quod quis ex suâ culpâ sen-
tit, non intelligitur sentire* (L. 203, *ff. de reg. juris*).

Du reste, si, dans cette dernière hypothèse, la prescription anéantit
l'action en revendication ou l'obligation civile, elle laisse du moins sur-
vivre l'obligation naturelle. En vain nous opposerait-on l'art. 1234 du
Code civil, qui fait de la prescription un moyen d'extinction des obligations : il ne statue que pour l'obligation civile. D'ailleurs, notre solution
est fondée sur la défense que fait la loi au juge de suppléer d'office le

moyen de prescription et sur ce que, l'effet de la prescription une fois opposée, n'est que de rendre le créancier non recevable dans son action intentée postérieurement au temps auquel la loi l'avait limitée; le créancier conserve bien sa créance, si elle n'a pas été acquittée, mais il n'a plus le *jus persequendi in judicio quod sibi debetur.*

SECTION I.

Quelles choses sont prescriptibles?

On ne peut prescrire le domaine des choses qui ne sont pas dans le commerce (art. 2226).

Pour savoir quelles choses échappent ou non à l'action de la prescription, il vaut mieux s'attacher au caractère de la chose en elle-même, c'est-à-dire voir si elle est ou non dans le commerce, qu'à la circonstance qu'elle est inaliénable; car l'inaliénabilité n'emporte pas nécessairement l'imprescriptibilité et en sens inverse (C. civ., art. 457; cpr. art. 2252, 1561, 691).

Les choses sont imprescriptibles par elles-mêmes ou à raison seulement de leur destination, ou enfin à raison des personnes qui les possèdent.

Sont imprescriptibles par elles mêmes :.

1° Les choses qui par leur destination naturelle échappent à l'appropriation privée, comme la liberté de l'homme (§ 1, *Inst. de usucap. et long temp. præsc.*), l'air, la mer. On occupe la mer, on ne la possède pas, on n'y laisse pas de traces. « Si les vaisseaux sillonnent un moment « les ondes, la vague vient effacer aussitôt cette légère marque de ser- « vitude, et la mer reparaît telle qu'elle fut au jour de sa création » (Mme de Staël, *Corinne*, chap. 4).

2° Les facultés émanant de la nature ou de la loi, c'est-à-dire, les moyens donnés à l'homme pour parvenir à sa fin comme homme, comme citoyen, comme propriétaire.

Ce sont des droits donnés à l'homme pour des besoins contingents qu'il ne peut prévoir : on ne peut donc dire qu'il est présumé, par le défaut d'exercice de son droit, l'avoir abandonné, à la différence des droits actuels particularisés qui doivent toujours veiller pour se conserver. Aussi M. Royer-Collard a-t-il dit avec beaucoup de raison et d'énergie : *C'est plus qu'un droit, c'est une faculté.*

Cependant les facultés peuvent être restreintes par l'effet de la prescription, lorsqu'elles s'exercent sur des droits susceptibles d'aliénation qu'on est supposé avoir consentie, en se conformant à la contradiction qui y a été opposée.

Au contraire, les facultés conventionnelles sont nécessairement garanties, pour leur réalisation, par une action, et viennent échouer contre la prescription; car l'homme ne peut aller plus loin que la loi et créer de sa propre puissance des droits imprescriptibles, lorsque la loi ne veut pas de renonciation d'avance à la prescription. Elles échappent cependant à l'action de la prescription :

A. Lorsqu'elles procèdent d'une clause inhérente au contrat et indivisible; elles subsistent aussi longtemps que le contrat. Il en serait autrement d'une faculté émanant d'une clause accidentelle du contrat.

B. Lorsque la faculté gît dans le choix de moyens alternatifs de se libérer; le payement pendant trente ans d'une des choses dues alternativement a conservé le droit d'opter pour l'autre.

C. Lorsque la faculté a été créée à perpétuité pour une communauté d'habitants, la faculté ne se prescrit pas entre eux.

3° On ne prescrit pas contre les bonnes mœurs et contre les matières qui tiennent à l'ordre public : *Quæ pacto fieri non possunt non admittunt præscriptionem, quia præscriptio fundatur sub tacito consensu.*

4° On ne prescrit pas contre les lois de police générale : *Præscriptio temporis juri publico non debet obsistere, sed nec rescripta quidem : atque ideò, diruenda sunt omnia, quæ per diversas urbes vel in foro, vel in publico quocumque loco contra ornatum et commodum ac decoram faciem civitatis exstructa noscuntur* (*L. 6, C. de oper. public. L. ult. si contra jus vel util. publ. eod.*).

Sont imprescriptibles à raison de leur destination, les choses qui, compatibles avec l'appropriation privée, sont, par une destination accidentelle, affectées à un usage public; telles sont: les choses énumérées dans les art. 538 et suiv., à l'exception de celles qui appartiennent à l'État, aux communes ou aux établissements publics, au même titre qu'ont les particuliers sur leurs biens; comme les lais et relais de la mer, que l'art. 41 de la loi du 16 septembre 1807 permet de concéder à des particuliers; tous les biens vacants et sans maîtres, et ceux des personnes qui décèdent sans héritiers ou dont les successions sont abandonnées.

Les canaux navigables ou flottables, quoique le droit d'exploiter les émoluments du passage soit soumis à l'action de la prescription; on ne peut prescrire contre leur destination publique de passage.

Les choses affectées au public pour l'exercice du culte, comme les églises, les cimetières, etc., ainsi que les places et bancs dans ces édifices, mais en tant seulement qu'elles conservent la même affectation, à la différence du Droit romain par lequel le caractère sacré s'attachait au terrain indépendamment des églises (§ 8, *Inst. de rerum div.*). Sont du reste prescriptibles, les vases sacrés, ornements et autres accessoires du culte dont les habitants n'ont pas l'usage et qui appartiennent à la fabrique.

Les places, les fontaines et les promenades publiques; les hospices, prisons et les monuments publics; nulle possession ne pourrait non plus les grever de servitudes nuisibles à leur destination.

Sont imprescriptibles à raison de la qualité de leurs propriétaires : les biens des mineurs interdits pendant leur minorité ou interdiction; les immeubles dotaux pendant le mariage; il y a cependant moins imprescriptibilité que suspension momentanée de la prescription.

SECTION II.

Quelles personnes peuvent prescrire ?

Contrairement à la loi des Douze-Tables qui excluait les étrangers du droit d'acquérir par prescription : *Adversus hostem œterna auctoritas esto*, l'étranger et le mort civilement peuvent se prévaloir en France du bénéfice de la prescription.

De la prescription extinctive : Car elle est fondée sur une présomption de payement ou de remise de dette. D'ailleurs, elle est établie *odio negligentiæ non favore præscribentis*, et la sévérité de la loi ne peut être mitigée par la circonstance que c'est envers un étranger que le Français s'est laissé aller à un oubli dissolu de ses affaires.

De la prescription acquisitive : L'étranger pouvant, depuis la loi du 14 juillet 1819, acquérir en France la propriété à titre onéreux ou à titre gratuit comme le Français, jouit des garanties qui consolident la propriété. Le mort civilement a aussi la faculté d'invoquer la prescription dans les bornes que la loi assigne à sa faculté d'acquérir. Il doit donc, pour se prévaloir de l'usucapion de dix ans, prouver que sa possession se rattache à un titre à l'aide duquel la loi lui permet d'acquérir (cpr. art. 25). Mais il n'a pas besoin de justification pour l'usucapion de trente ans : la présomption absolue qui résulte de la possession trentenaire, porte en effet tant sur l'acquisition elle-même que sur sa validité (MM. Aubry et Rau, § 210).

L'État, les communes et les établissements publics sont soumis aux mêmes prescriptions que les particuliers et peuvent également les opposer (art. 2227).

Mais il est des personnes capables, en général, de prescrire, et qui ne peuvent, respectivement à certaines choses ou à certaines personnes, faire usage de la prescription.

Tels sont :

I. Ceux qui détiennent précairement la chose du propriétaire: ils ne peuvent la prescrire.

II. Le tuteur à l'égard du pupille, dans les cas où l'on peut prescrire contre celui-ci.

III. Les époux entre eux.

SECTION III.

Contre qui peut-on prescrire?

En règle générale, la prescription *sensu lato* court contre toutes personnes et se trouve soumise aux mêmes conditions, quelle que soit la position particulière de ceux contre lesquels elle court.

Ainsi on prescrit contre l'État, les établissements publics et les communes, les biens qui sont dans le commerce ou ceux qui, d'abord hors du commerce par l'effet de leur destination à un usage public, y sont rentrés par suite du changement de cette destination (art. 2227). Ainsi on prescrit indistinctement contre les personnes présentes et contre les personnes absentes (art. 2265). Toutefois, aux termes de l'art. 2 de la loi du 6 brumaire an V, la prescription a été suspendue au profit des personnes attachées au service des armées de terre et de mer jusqu'au 14 mars 1816, époque à laquelle s'est écoulé le mois qui a suivi la publication de la paix générale. On prescrit enfin contre les personnes qui sont informées du cours de la prescription et contre celles qui l'ignorent.

Par exception, la prescription ne court pas :

I. Au préjudice des interdits, des mineurs émancipés ou non émancipés, si ce n'est dans les cas spécialement indiqués par la loi, ni des majeurs dont la cause est indivisible avec celle du mineur; ce dernier a conservé le droit de tous les autres (art. 710).

II. Entre époux, sous quelque régime qu'ils soient mariés.

III. Contre la femme pendant la durée du mariage.

A. Quand elle est mariée sous le régime dotal, à l'égard des immeubles dotaux.

B. Quand elle est mariée sous le régime de la communauté, à l'égard des actions qu'elle ne pourrait exercer qu'après une option à faire entre l'acceptation et la répudiation de la communauté ; néanmoins, en cas de séparation de biens judiciaire, la prescription commence à courir du jour du jugement qui prononce la séparation, tant à l'égard des immeubles dotaux, qu'à l'égard des actions qui dépendent d'une option à faire sur la communauté.

C. Sous quelque régime qu'elle soit mariée, à l'égard des actions qui réfléchiraient contre le mari, et de celles au moyen desquelles elle peut attaquer les actes qu'elle a passés sans l'autorisation de son mari ou de justice.

Sous tous les autres rapports, la prescription court contre la femme mariée, sauf son recours contre le mari, lorsqu'il a eu l'administration de la fortune, et qu'il a été en état d'arrêter le cours de la prescription.

IV. Enfin, la prescription ne court pas au préjudice de l'héritier bénéficiaire, par rapport aux créances qu'il a contre la succession, ni réciproquement au préjudice de la succession, par rapport aux créances qu'elle a contre l'héritier bénéficiaire; mais la prescription court contre une succession vacante; elle court aussi pendant les délais accordés à l'héritier pour faire l'inventaire et délibérer.

La prescription ne court pas contre celui qui se trouve, à raison de quelque empêchement soit légal, soit conventionnel, ou par suite de circonstances de force majeure, dans l'impossibilité absolue de poursuivre son droit, par exemple, lorsque les communications avec un pays ou avec une ville sont interdites par un acte de l'administration, ou lorsqu'une invasion ou une inondation les rendent impossibles. Du reste, l'application de l'exception de force majeure est, suivant les cas et les circonstances, abandonnée à la prudence du juge.

SECTION IV.

De la renonciation à la prescription.

On ne peut renoncer d'avance à la prescription.

Cette prohibition ne repose pas sur l'idée qu'on ne peut renoncer à un droit non ouvert (art. 1130); mais elle est fondée sur ce que la prescription, étant établie dans l'intérêt général, est conséquemment d'ordre public, et qu'on ne peut déroger par des conventions particulières aux lois qui intéressent l'ordre public; sur ce que, la prescription étant une peine établie plutôt *odio negligentiæ quàm favore præscribentis,* on ne saurait autoriser des conventions qui favoriseraient l'oubli des devoirs d'un père de famille diligent. D'ailleurs, sans cette précaution, les renonciations aux prescriptions non acquises deviendraient de style, et la faiblesse des particuliers enlèverait à la société son plus ferme appui.

Mais on peut interrompre par un pacte une prescription qui court: on ne renonce pas par là à une prescription à venir, on détruit seulement l'effet du temps qui a couru avant le contrat interruptif, en abdiquant un droit acquis.

On peut aussi renoncer à une prescription conventionnelle non acquise, en ce sens qu'on peut toujours stipuler, même *ex post facto,* qu'on restera soumis à la prescription légale : on abdique alors le bénéfice d'une convention qui ne trouble pas l'ordre public, par exemple, avant l'expiration des deux ans auxquels nous avons limité le droit de réméré. Dans une vente, nous sommes libres de proroger à cinq ans, délai de la prescription légale (art. 1660), le droit de demander le réméré.

On peut renoncer à la prescription acquise (art. 2220).

Les raisons qui ont fait prohiber comme contraire à l'ordre public la renonciation à une prescription non acquise, n'existent pas ici. Le droit privé est seul en jeu et est maître de ses intérêts : *Quum sit juris*

.v   **2.**

*antiqui omnes licentiam habere his quæ pro se introducta sunt renuntiare
(L. 29, D. de pactis).*

Mais la faculté de renoncer à la prescription acquise n'est concédée
qu'à ceux qui sont capables d'aliéner; car, bien que la renonciation
à la prescription ne soit pas une contre-aliénation, puisque la prescription n'opère pas de plein droit, cependant celui qui laisse prescrire
son droit, l'aliénant au profit d'un autre, ce dernier, en renonçant,
abdique un droit qui touche au moment d'entrer dans son domaine.
Ainsi le mineur, l'interdit, la femme mariée, le prodigue, les communes
et établissements publics, etc., ne peuvent renoncer à la prescription.

Les personnes préposées à la défense du mineur ou de l'interdit ne
peuvent renoncer pour eux; la faculté de renoncer est *personnalissime,*
et d'ailleurs la renonciation est pour le mineur un acte d'aliénation
gratuite et une cause de lésion contre laquelle l'art. 1305 l'autorise à
réclamer. Si donc, les tuteurs donnent leur autorisation à l'effet de
renoncer hors d'un procès, le mineur ou l'interdit pourront, à leur
majorité, se faire restituer d'après l'art. 1305 du Code civil. S'ils la
donnent dans le cours d'un procès, les juges ne pouvant suppléer
d'office le moyen résultant de la prescription, le mineur et l'interdit
pourront, à leur majorité, faire rétracter le jugement par la voie de la
requête civile, conformément aux art. 481 et 484 du Code de procédure civile.

La voie de la requête civile est également ouverte à l'État, aux communes et aux établissements publics, si, dans un procès pendant
devant les tribunaux, le moyen de prescription est négligé ou abandonné. Mais l'art. 1305 ne vient pas protéger l'État ou les communes
dont les représentants renonceraient à la prescription sur une autorisation législative ou sur une ordonnance royale.

Quant aux femmes mariées dûment autorisées, elles ne peuvent invoquer les art. 481 du Code de procédure et 1305 du Code civil; leur
renonciation à la prescription est donc inébranlable. Il en est de même

de celle faite par un prodigue assisté de son conseil judiciaire (C. c., art. 513).

La renonciation du grevé de restitution, au sujet d'un immeuble compris dans la disposition, serait sans effet, à l'égard des appelés, s'ils survivaient au grevé.

La renonciation à la prescription est expresse ou tacite.

Expresse, lorsqu'elle résulte d'une déclaration explicite contenue dans un acte qui fait preuve de son contenu. *Tacite,* lorsqu'elle résulte d'un fait qui suppose l'abandon du droit acquis (art. 2221).

La renonciation soit expresse, soit tacite, doit, pour être valable, réunir les conditions suivantes :

1° La renonciation doit émaner d'une personne capable d'aliéner (art. 2222) ; 2° la renonciation, résultant de la volonté de l'homme, doit être libre et spantanée, et non surprise ou arrachée par dol, fraude ou violence. Mais la renonciation est toujours supposée libre jusqu'à preuve contraire ; 3° la renonciation, véritable aliénation, ne peut porter que sur un droit dont on est certain et non qu'on ignore, mais le renonçant doit prouver son ignorance ; 4° la renonciation, devant procéder d'une volonté réfléchie, ne peut résulter de ces déclarations étrangères à la partie et qui sont le fait de l'avoué ou de l'avocat dans les écritures des procès.

Quant à la renonciation tacite en particulier, puisqu'elle résulte de faits qui supposent l'abandon du droit acquis, la conscience et les lumières du juge seront les arbitres et les arbitres souverains dans la question de savoir s'il y a eu fait qui équipolle à une stipulation expresse et puisse écarter l'adage : *Nemo res suas jactare præsumitur.*

Voici quelques cas d'où la jurisprudence a induit renonciation tacite à la prescription :

1° Du payement, à moins d'erreur de fait dont le débiteur aurait à faire la preuve : le payement partiel suffit, à moins de valable protestation : *Minimâ agnitione debiti tollitur præscriptio* (voy. L. 7, §§ 15 et 16, D. de S. c. Macedon).

2° De la dation de caution par le débiteur, ou de la circonstance qu'il a opposé la compensation ou a opéré une novation volontaire.

3° Du fait qu'on prend à loyer l'héritage qu'on a prescrit, qu'on demande un délai pour payer ou qu'on ne discute que sur l'époque du payement.

4° De la demande, par des conclusions principales, en subrogation dans la créance que le laps de temps pourrait faire écarter, car la subrogation n'est possible qu'autant que le droit existe, et il y aurait contradiction à vouloir s'en servir et à la faire déclarer éteinte.

La reconnaissance expresse ou tacite de la dette ne couvre la prescription que contre le débiteur dont elle émane et contre ses héritiers ou représentants, mais non contre les codébiteurs solidaires, étrangers à l'acte de reconnaissance, ni contre les cautions ni contre les tiers détenteurs qui auraient acquis, avant la reconnaissance, des héritages hypothéqués à la dette, car le débiteur n'a pu, par sa reconnaissance, abdiquer le droit acquis par la prescription au préjudice du droit acquis aux tiers. Si la renonciation était conditionnelle, on ne serait pas fondé à lui donner un effet pur et simple; si elle était limitée à une seule personne, on ne devrait pas l'étendre à d'autres. La renonciation, en général, ne constitue pas un titre nouveau, c'est l'obligation primitive qui reparaît purgée d'une exception qui pouvait la paralyser, la prescription n'opérant pas de plein droit. Il en est autrement cependant, lorsque l'obligation est traduite en un contrat *sui generis*, soumis par la loi à une prescription exceptionnelle. Si le débiteur renonce à cette prescription particulière, lorsqu'elle est échue, cette dette, dégagée de la forme qui l'avait fait placer dans une classe à part, rentre dans le droit commun. Elle ne constitue plus qu'une obligation ordinaire, prescriptible à l'avenir par le délai de trente ans (C. de com., art. 189).

Encore que le débiteur ou le possesseur renonce à la prescription acquise, les créanciers ou toute autre personne, ayant intérêt à ce qu'elle soit acquise, peuvent l'opposer : c'est ce que nous dit l'art. 2225, qui contient une application des art. 1166 et 1167 du Code civil.

De l'art. 1166 : La prescription ne créant point un droit exclusivement attaché à la personne de celui au profit duquel elle a couru, les créanciers ou autres intéressés peuvent s'en prévaloir à son défaut. Si l'on veut les écarter par l'adage : *Nemo prohibetur bonam fidem agnoscere*, ils répondront par cette maxime équitable : *Nemo liberalis nisi liberatus.*

De l'art. 1167 : Les créanciers peuvent faire rétracter une renonciation consommée, faite à leur préjudice, lorsqu'à l'instant de la renonciation le débiteur était insolvable ou qu'il l'est devenu par cette libéralité faite à leurs frais, quand même le débiteur n'aurait pas eu l'intention de leur nuire. La loi se contente ici, comme dans les art. 622 et 788 d'un simple préjudice, pour en faire ressortir une présomption légale de fraude. Vainement M. Vazeille oppose-t-il ces mots de l'article : *y renonce ;* la renonciation, même actuelle du débiteur, l'a dépouillé, et il faut faire rétracter cet acte d'abdication gratuite. D'ailleurs, l'art. 2225 serait condamné à une inertie complète, dans le sens que lui donne M. Vazeille. Serait-il possible aux créanciers de prendre la renonciation sur le fait pour y apposer leur *veto ?* Quant aux autres personnes qui profitent du moyen de prescription, ce sont :

1° La caution et le garant.

2° L'héritier institué par acte entre-vifs. Mais à prendre l'art. 1083 du Code civil dans un sens large et équitable, nous pensons que l'héritier ne pourrait se plaindre d'une renonciation à la prescription afin de se libérer, que le donateur aurait faite pour obéir au cri d'une conscience timorée.

3° Le substitué. Il n'est pas lié par la renonciation à la prescription, au moyen de laquelle le grevé diminue l'importance du fidéicommis, qu'il doit rendre intact lorsque la condition se réalise.

De ce qu'on peut renoncer à la prescription acquise, il suit que le juge ne peut en suppléer le moyen d'office, celui qui ne l'oppose pas, peut être entraîné par les remords de sa conscience, dont l'action ne doit pas être entravée ; d'ailleurs, l'inaction du créancier ou la posses-

sion du prescrivant, sont des circonstances qui ne peuvent être con-
nues et vérifiées par les juges, qu'autant qu'elles sont alléguées par celui
qui veut s'en prévaloir.

Les juges ne peuvent, d'office, suppléer le moyen de la prescription,
même au profit des mineurs, des interdits et autres incapables; le ministère public même ne pourrait le faire dans les conclusions qu'il
donne sur les causes des mineurs, communes, hospices, etc. Il n'exerce
pas alors un ministère d'action, il est lié par les conclusions déposées
par les parties et n'est autorisé à soulever d'office que des moyens de
droit. Mais il pourrait suppléer le moyen de la prescription, lorsqu'il
plaide pour le domaine. Il est, dans ce cas, partie principale et doit
défendre l'intérêt de l'État.

Du reste, il suffit que la prescription ressorte implicitement de la
nature des défenses, comme si l'on se prévalait de la possession, etc.

L'art. 2223 est inapplicable aux matières criminelles, correctionnelles
et de police. La prescription est ici d'ordre public, car il ne dépend
pas d'un particulier de se soumettre à une peine dont il est libéré.

S'il est besoin que la prescription soit opposée, le juge ne pouvant
d'office en suppléer le moyen, elle peut du reste être opposée *en tout
état de cause,* même devant la cour d'appel, à moins que la partie qui
n'aurait pas opposé le moyen de la prescription, ne doive, par les circonstances, être présumée y avoir renoncé (voy. L. *C. de except. vel
præscript.*).

La prescription est un de ces moyens de droit que la doctrine appelle
exceptions péremptoires, parce qu'elles rendent l'action absolument
inefficace quand elles sont opposées, et il est de la nature de ces actions
de pouvoir être invoquées en tout état de cause dans tout le cours du
procès. Elle peut être proposée, même pour la première fois, en appel,
étant une défense à l'action principale (C. de pr., art. 464), mais non
en cassation, car la Cour suprême ne peut annuler un jugement con-
forme à la loi, qui fait un devoir au juge de ne pas suppléer d'office le
moyen de la prescription.

Quoique la prescription puisse être proposée en tout état de cause, les juges ont cependant à examiner si les circonstances ne sont pas telles que l'on doive en induire la renonciation tacite au droit acquis (art. 2221).

CHAPITRE II.

DU TEMPS REQUIS POUR PRESCRIRE EN PARTICULIER.

SECTION PREMIÈRE.

Dispositions générales.

Toute prescription exige l'écoulement d'un certain laps de temps : quoique la durée de ce temps, qui est fixée par la loi arbitraire, varie pour les différentes prescriptions, il se calcule d'après les règles suivantes :

1° La prescription se compte par jours et non par heures (art. 2260); dans quelques cas cependant, la prescription se règle sur un certain nombre d'heures (voy. Code de com., art. 436; Code de proc., art. 711, et loi du 9 floréal an VII, art. 6 et 10), qui oblige les préposés des douanes à affirmer leurs procès-verbaux dans les vingt-quatre heures.

Quand le Code dit que la prescription se compte par jours et non par heures, cela n'est vrai qu'autant qu'elle ne se compte pas par heures, mais non dans le cas où la loi établit une prescription d'un ou de plusieurs mois; le délai se compte alors date par date, par l'échéance des mois, sans avoir égard à leur inégalité, et conformément au calendrier grégorien qui a force de loi. L'art. 40 du Code pénal forme exception à cette règle; mais : *Exceptio firmat regulam in casibus non exceptis.*

Le jour bissextile se compte, comme tout autre, dans les prescriptions qui s'accomplissent par un certain nombre de jours.

On ne distingue pas, sous le rapport de la prescription, entre les jours de fêtes légales et les jours ouvrables. Toute prescription peut arriver

3

à son terme un jour férié. Le créancier est répréhensible d'avoir attendu jusqu'au dernier, et d'ailleurs, dans les cas d'urgence et de péril, le juge peut accorder la permission de faire des significations et exécutions les jours de fête légale (Code de pr., art. 63, 781, 1037).

La prescription est acquise, lorsque le dernier jour du terme est accompli, sans qu'il y ait lieu de distinguer, comme on le faisait en Droit romain, entre la prescription acquisitive et la prescription extinctive; mais la loi ne s'exprime pas relativement au point de départ de la prescription, au terme *a quo*. Je me range à l'opinion de la plupart des auteurs qui ne comprennent par le jour *a quo* dans le délai, parce que la loi, en n'admettant que la computation par jours et non par heures pour la prescription, semble rejeter le jour *a quo*, qui ne pourrait entrer en totalité dans le délai requis, et se refuser à faire commencer la prescription avant l'existence du fait qui y donne lieu.

Les droits éventuels n'étant inviolables pour les lois postérieures que lorsqu'ils constituent des droits acquis, le Code civil n'aurait pas rétroagi en soumettant pour l'avenir à l'empire des lois nouvelles les prescriptions antérieurement commencées, qui ne sont, jusqu'à leur accomplissement, que de simples espérances. Néanmoins, pour ménager le passage d'une législation à l'autre, le législateur a établi la règle que toutes les prescriptions admises par le Code civil se règlent d'après les lois anciennes, en ce qui concerne les conditions nécessaires à leur accomplissement, lorsqu'elles ont commencé à courir avant le 25 mars 1804, jour de la promulgation du titre de la prescription.

Cette règle reçoit cependant deux exceptions. D'après la première, un droit déclaré imprescriptible par le Code civil, ne peut aujourd'hui se prescrire, encore que la prescription, admise dans l'ancien droit, ait commencé à courir avant la promulgation de la loi nouvelle (C. c., arg. art. 691). D'après la seconde, les prescriptions commencées sous l'empire des lois anciennes, et pour l'accomplissement desquelles il faudrait encore, suivant ces lois, plus de trente ans à compter de la publication de la loi nouvelle, s'accomplissent aujourd'hui par le laps de trente ans (Aubry et Rau, § 212).

SECTION II.

De la prescription acquisitive.

GÉNÉRALITÉS.

L'usucapion ne concerne que les immeubles corporels qui se trouvent dans le commerce.

En fait de meubles, possession vaut titre (art. 2279), c'est-à-dire, produit les mêmes effets qu'un titre de propriété émané du véritable propriétaire. La prescription n'est pas nécessaire au possesseur de bonne foi d'un meuble; car elle supposerait qu'on aurait contre lui une action réelle; mais qu'est-ce que l'action réelle contre un tiers possesseur, sinon un droit de suite? Or, les meubles n'ont pas de suite en France.

L'art. 2279 est donc inapplicable, quand il s'agit de régler la position de parties unies entre elles par le nœud d'un contrat ou d'un quasi-contrat, d'un délit ou d'un quasi-délit.

Quoique le mot *meubles* soit employé seul dans l'art. 2279, cependant on ne saurait (art. 533) laisser l'acheteur de pierreries, de livres, de médailles, chevaux, etc., exposé à des recours sans fin, incompatibles avec la sûreté du commerce.

Du reste, l'art. 2279 ne concerne que les meubles corporels envisagés d'une manière individuelle. Il ne s'applique donc pas:

1° Aux universalités de meubles : La vente d'une universalité de meubles, faite par l'héritier apparent à un tiers, n'est pas garantie par l'art. 2279.

2° Aux meubles incorporels, tels que les créances, qui ne se transmettent que suivant certaines formalités (C. c., art. 1689 et suiv.), à moins qu'il ne s'agisse de billets au porteur. Ces billets, en effet, se confondent avec la créance qu'ils énoncent, de telle sorte que le possesseur du billet est aussi réputé possesseur de la créance.

De ce que nous venons de dire, il suit que la revendication est, en général, non recevable en matière mobilière. Ce n'est que par exception à cette règle, que la loi admet celui qui a perdu une chose mobilière, et celui auquel une pareille chose a été volée, à la revendiquer pendant trois ans, sous peine d'être déchu après l'écoulement de ce délai, entre les mains du possesseur quel qu'il soit. Encore le revendiquant ne peut-il se la faire restituer qu'en remboursant au possesseur le prix qu'il en a payé, lorsque celui-ci l'a achetée dans une foire, dans un marché ou d'un marchand vendant des choses pareilles (art. 2280).

L'exception établie par le 2e al. de l'art. 2279 ne doit pas être étendue par voie d'analogie. Ainsi, par exemple, celui qui aurait été privé d'une chose mobilière par suite d'un abus de confiance, d'une violation de dépôt ou même d'une escroquerie (arr., 20 mai 1835, ch. civ. Dall., 1835, I, 338), ne pourrait pas la revendiquer, à moins toutefois qu'il ne prouvât que ce dernier l'a acquise de mauvaise foi (arg. art. 1141). Le possesseur de mauvaise foi s'est rendu coupable du délit ou du quasi-délit, par suite duquel la chose est sortie des mains de celui auquel elle appartenait, et ainsi il est obligé à réparer le préjudice qu'il a causé (art. 1382 et 1383). Le principe de l'art. 2279 reçoit une modification importante, par suite du droit de revendication accordé par l'art. 2102 au bailleur ou locateur d'héritages ruraux ou de maisons.

Le Code civil admet deux espèces d'usucapion : celle de dix à vingt ans et celle de trente ans.

L'une et l'autre, ayant pour résultat de consolider la propriété à l'égard de toutes personnes, donnent à la fois une exception à l'effet de repousser toute demande en revendication et une action à l'effet de revendiquer l'immeuble contre un tiers détenteur quelconque, même contre l'ancien propriétaire. L'usucapion de dix et vingt ans consolide la propriété telle qu'elle a été acquise et possédée, et la dégage par conséquent des charges qui la grevaient lors de l'acquisition, à l'insu

de l'acquéreur (art. 2180, n° 4). Cet effet serait également attaché à
l'usucapion de trente ans, s'il ne résultait déjà de l'extinction, par
suite du non-usage pendant trente ans, des charges qui affectent la
propriété d'autrui.

§ 1ᵉʳ. *De la prescription acquisitive de trente ans.*

A la différence de la prescription proprement dite, qui, en général,
s'accomplit par la seule inertie ou la négligence de celui auquel appartient le droit ou l'action sujets à extinction, l'usucapion exige le fait
positif de la possession de l'immeuble corporel, ou celui de l'exercice
de la servitude que l'on prétend acquérir par cette voie. Aussi les effets
de l'usucapion sont-ils toujours renfermés dans les limites de la possession : *Tantum præscriptum quantum possessum.*

Cette possession doit réunir les mêmes qualités que celles qui sont
requises pour la prescription de dix et vingt ans; elle doit être continue et non interrompue, paisible, publique, non équivoque, et à
titre de propriétaire. Mais celui qui s'en prévaut, n'est pas obligé de
rapporter un titre d'où elle procède, et on ne peut lui opposer l'exception déduite de la mauvaise foi. Il suffit qu'on ne lui en oppose pas
un qui établirait qu'il n'a joui qu'à titre précaire; de là cet adage du
palais : *Melius est non habere titulum quàm habere vitiosum.*

Le véritable propriétaire ne pouvant alléguer l'exception déduite de
la mauvaise foi, ne peut, par cela même, déférer le serment à celui qui
lui oppose la prescription, pour qu'il affirme que l'immeuble lui appartient à un titre quelconque, car il n'y a plus de contestation, elle
est tranchée par la prescription invoquée (art. 1358—1360).

Mais il pourrait le déférer à son adversaire, relativement à l'époque
à laquelle il prétend avoir commencé à posséder. Ce n'est pas là combattre le moyen de la prescription accomplie; c'est, au contraire, dire
que la prescription est non recevable, c'est déférer le serment sur une
véritable contestation; de même, il pourrait le déférer dans la prescrip

tion de dix à vingt ans, sur la question de savoir si l'immeuble a été acquis de bonne foi. C'est là un des éléments essentiels de cette prescription, et, en le contestant, on conteste la prescription.

Tout successeur universel ou particulier peut, pour compléter le temps de l'usucapion, joindre à sa possession celle de son auteur qui se trouvait *in conditione usucapiendi* (art. 2235). Cette jonction de possession que l'on appelle *accession*, exige :

1° Que la possession du successeur porte sur le même objet que celle de son prédécesseur ;

2° Que le successeur se trouve aux droits de la personne dont il veut joindre la possession à la sienne;

3° Que les deux possessions se suivent immédiatement et sans interruption. Si, avant l'entrée en jouissance du successeur, un tiers a interrompu la possession, l'accession ne peut avoir lieu utilement.

§ 2. De la prescription par dix à vingt ans.

La prescription décennale ou vicennale est celle que le Droit romain appelait *longi temporis*. Dans l'ancienne jurisprudence française, elle n'était pas admise généralement, quoiqu'elle soit celle qui se justifie le plus facilement aux yeux du droit naturel. Elle a pour but de consolider les acquisitions d'immeubles, et de les maintenir franches et libres entre les mains des tiers acquéreurs avec juste titre et bonne foi.

La prescription décennale fait même acquérir un simple démembrement de la propriété comme l'usufruit, l'idée de la prescription n'est pas du tout incompatible avec la disposition de l'art. 579, car on trouve dans l'acquisition de l'usufruit par ce mode, et l'action de la loi qui en a réglé les conditions, et le fait de l'homme qui les a remplies.

Mais elle ne produit pas cet effet pour les servitudes réelles susceptibles de prescription : la disposition de l'art. 690 indique expressément la possession de trente ans comme moyen d'acquérir les servitudes; si le législateur n'avait pas voulu proscrire en cette matière l'usucapion par dix et vingt ans, il aurait dit d'une manière générale que les servitudes continues et apparentes s'acquièrent par titre ou par prescription. C'est d'ailleurs avec raison que la loi a distingué entre l'usucapion des servitudes et l'usucapion de la propriété : l'usucapion de la propriété, à la différence de celle des servitudes, supposant la privation de toute jouissance de la part du véritable propriétaire, cause à ce dernier un trouble tel, que son silence pendant dix ou vingt ans peut être considéré, soit comme une renonciation à un droit préexistant, soit comme une reconnaissance du droit d'autrui.

Trois conditions sont nécessaires pour l'acquisition par la prescrip-. tion de dix ou vingt ans :

1° La possession de dix à vingt ans;

2° Un juste titre;

3° La bonne foi.

a) La possession de dix à vingt ans. La possession qui sert de base à la prescription décennale ou vicennale doit réunir les caractères exigés par l'art. 2229 du Code civil; elle doit durer pendant dix ans, si le véritable propriétaire a, pendant tout ce temps, conservé son domicile dans le ressort de la Cour royale sur le territoire de laquelle cet immeuble est situé. Les années, durant lesquelles le véritable propriétaire a été domicilié hors dudit ressort, se comptent double, en ce sens, qu'il faut deux années d'absence pour remplacer une année de présence. Si donc le temps de la prescription commencé entre présents s'accomplit entre absents, l'on double le temps seulement qui restait à courir pour la prescription décennale; dans le cas inverse, la moitié du temps qui restait à courir de la prescription vicennale suffit pour la prescription (*cap.* 8, *nov.* 119). A la différence du Droit romain et du Droit coutumier (voy. cependant la coutume de Sedan, art. 313) qui ne faisaient dépendre la présence ou l'absence que de la circonstance que la personne à qui on opposait la prescription avait demeuré dans la même circonscription, abstraction faite de la situation de l'héritage, le Code civil rattache la présence ou l'absence au lieu de la situation de l'immeuble prescrit. Il fait résulter la présence ou l'absence du domicile, base plus fixe que la résidence, puisqu'il est censé rester le même, malgré de longues absences. A défaut de domicile du véritable propriétaire, le lieu de la résidence déterminera le mode de computation. Lorsque quelqu'un prescrit un héritage contre deux propriétaires par indivis, demeurant, l'un dans le ressort où l'immeuble est situé, l'autre hors du ressort, le possesseur acquerra, par dix ans, la part du propriétaire présent, par vingt ans la part de l'autre. Si la chose était indivisible la prescription vicennale serait seule admise (Pothier, *Prescript.*, n° 111).

b) Un juste titre.

Le juste titre est un des éléments substantiels à la prescription de dix ou vingt ans; on entend par là tout titre gratuit ou onéreux qui, par sa nature, et pris d'une manière abstraite, serait de fait et de droit habile à conférer un droit de propriété ou de servitude. On l'appelle *juste*, parce que c'est un des modes reconnus par la loi de déplacer le domaine des choses, mais non en ce qu'il transfère un droit incommutable, car la prescription a précisément pour objet de suppléer au défaut de droit, et de consolider le titre susceptible d'être anéanti par la revendication faite en temps utile.

Parmi les titres qui peuvent baser la prescription décennale ou vicennale, se trouvent les titres, *pro emptore, pro donato, pro legato, pro soluto, pro derelicto*, le titre *pro transacto*, pourvu que celui qui a livré la chose ou y a renoncé, fût le maître présumé de la chose, car souvent la transaction ne fait que confirmer un titre préexistant et n'en forme pas un par elle-même: *confirmatio nil dat novi*.

Le Code, à la différence du Droit romain, n'admet pas comme fondement de l'usucapion, les titres putatifs, par exemple : le titre *pro hærede*, mais il range parmi les justes titres, les titres tacites, par exemple, celui qui résulte du contrat tacite de communauté, titres qui, sans reposer sur la convention expresse des parties, n'en ont pas moins une existence certaine et réelle.

Il ne suffit pas de mettre en avant un titre translatif de propriété;
il faut encore qu'il soit :

1° Fait avec les solennités spéciales que la loi a exigées pour sa validité (art. 2267) : *justus titulus non est titulus invalidus.*

Toutefois, le titre vicié pour défaut de forme pourra servir à la prescription décennale ou vicennale, du moment où la nullité de forme du
titre aura été couverte par la partie intéressée à s'en prévaloir (C. civ.,
art. 1304 et 1340).

2° Permis quant à son genre (cpr. art. 896, 791, 1130). La
nullité qui résulterait de l'infraction à la prohibition faite par la loi
d'un certain genre de convention comme contraire à l'ordre public,
par exemple, d'un pacte sur une succession future, serait une nullité
absolue, et, comme telle, pourrait être proposée par toute personne intéressée. Le titre infecté d'une telle nullité ne peut donc baser la prescription décennale; d'ailleurs, celui qui met à l'origine de sa possession
un cachet d'illégalité, n'est pas de bonne foi. Au contraire, un acte de
sa nature translatif de propriété ou constitutif de servitude, est un juste
titre, encore qu'il se trouve entaché d'une cause de nullité relative ou
de rescision. Le tiers, au préjudice duquel s'est accomplie une usucapion fondée sur un titre de cette espèce, ne peut, pour la repousser,
contester l'efficacité de ce titre, lors même que les personnes dont il
émane, se trouveraient encore dans le délai utile pour l'attaquer par
voie de nullité ou de rescision; le seul point important à son égard,
est que l'acquéreur crût, lors du contrat, qu'il traitait avec le propriétaire de la chose les nullités relatives, dont le titre serait entaché, sont
établies dans tout autre intérêt que dans celui du véritable propriétaire, et doivent, par cela même qu'elles lui sont étrangères, rester sans
influence sur l'usucapion qu'on lui oppose; elles ne pourraient empêcher la prescription qu'autant que le véritable propriétaire exercerait
les droits de la personne en faveur de laquelle la nullité a été édictée,
et encore, à moins que la nullité ne fût couverte.

3° *Définitif et non suspendu par une condition.* L'opinion *quæsiti do-*

minii, nécessaire pour faire courir le temps de la prescription, doit résulter du titre d'où la possession procède ; or, tant que ce titre est suspendu par une condition, il n'est point encore de nature à pouvoir faire croire au possesseur que la chose lui est acquise, mais seulement qu'elle pourra lui appartenir, si la condition existe. Ce titre ne devient donc utile pour l'usucapion qu'à dater de l'événement de la condition. En vain opposerait-on (art. 1179) que les conditions ont un effet rétroactif au jour du contrat ; cela n'est vrai qu'entre les parties contractantes et non au préjudice des tiers contre lesquels court la prescription.

Au contraire, le titre subordonné à une condition résolutoire est, dès son origine, utile pour l'usucapion. Cette condition n'arrête pas l'effet du contrat, elle ne laisse aucune incertitude sur les droits du possesseur.

4° Le juste titre doit protéger la possession pendant tout son cours. C'est ce qu'enseigne Pomponius : *Qui quum pro emptore usucaperet precario rogavit, usucapere non potest.* Le juste titre se distingue par là de la bonne foi qui n'a besoin d'exister qu'à l'origine de la possession.

C'est au possesseur à montrer le contrat qu'il prétend être le juste titre de sa possession et qui ne pourra être opposé au véritable propriétaire que s'il a date certaine (art. 1328).

c La bonne foi. En matière d'usucapion, la bonne foi est la croyance où est l'acquéreur que la chose appartient à celui qui en dispose en sa faveur, ou mieux encore, l'ignorance où il se trouve que le disposant n'en est pas le légitime propriétaire. Les appréhensions d'un acquéreur sur la validité de son acquisition considérée sous tous autres rapports, ne le constituent pas en mauvaise foi : l'usucapion n'ayant qu'un but relatif, celui de couvrir, par rapport au véritable propriétaire, le vice résultant du défaut de droit de propriété dans la personne de laquelle émane le titre translatif de propriété, n'exige qu'une bonne foi relative.

Dans la perception des fruits, au contraire, on exige une bonne foi absolue, c'est-à-dire l'ignorance de tous les vices sans exception dont le titre peut être entaché, et continue, parce qu'il y a autant d'actes d'acquisition qu'il y a de perceptions.

L'acquéreur ne peut se prévaloir de sa bonne foi que lorsqu'elle dérive d'une erreur de *fait : qui a quolibet rem emit, quam putat ipsius esse, bonâ fide emit* (*L. 27, ff. de contrah. empt.*). — La bonne foi provenant d'une erreur de *droit,* est sans effet relativement à la prescription : *Nunquam in usucapionibus juris error possessori prodest* (*L. 31, ff. de usucap.*).

Ainsi, celui qui, dans l'ignorance de la disposition de l'art. 1988 du Code civil, aurait cru pouvoir acquérir valablement d'un mandataire muni d'une procuration conçue en termes généraux, ne prescrirait, nonobstant sa bonne foi, que par le laps de trente ans. Du principe : que nul ne peut ignorer la loi, il suit que l'erreur de droit exclut toujours la possession de bonne foi. A la différence du Droit canonique et conformément au Droit romain, la bonne foi n'est exigée qu'au moment de l'acquisition : *Mala fides superveniens non interrumpit usucapionem ;* La connaissance que le possesseur obtiendrait plus tard des droits du véritable propriétaire serait sans influence sur l'usucapion. Mais le Droit français, en déterminant la date du moyen d'acquérir comme l'époque à laquelle la bonne foi doit exister, ne l'exige qu'à l'époque de la passation des conventions, puisque les conventions sont en même temps titre et moyen d'acquérir, tandis que le Droit romain la réputait nécessaire au moment de la tradition, qui était celui de l'acquisition, puisqu'il fallait la tradition pour acquérir la propriété.

La bonne foi est toujours présumée : c'est à celui qui allègue la mauvaise foi à la prouver (art. 2268). Mais il peut le faire par témoins, même sans commencement de preuve par écrit, attendu qu'il n'a pas été en son pouvoir de s'en procurer une preuve écrite ; ici s'applique le principe de l'art. 1348 du Code civil.

L'art. 2270 porte : « Après dix ans l'architecte et les entrepreneurs sont « déchargés de la garantie des gros ouvrages qu'ils ont faits ou dirigés. »

Il n'établit pas de prescription décennale. En le combinant avec l'art. 1792, on voit que la prescription trentenaire, la prescription de droit commun, est seule admise dans le cas de ces articles ; seulement,

<table>
<tr><td>v</td><td>4.</td></tr>
</table>

elle ne court que du jour de la perte de l'édifice arrivée dans les dix ans de sa construction.

SECTION III.

De la prescription extinctive.

§ 1er. *De la prescription trentenaire.*

L'espace de trente ans est, dans notre Droit, le terme le plus long de la prescription. La prescription trentenaire est, pour ainsi dire, le droit commun et doit dès lors être appliqué à toutes les actions non soumises par des lois spéciales à des prescriptions particulières.

Elle doit l'être notamment aux actions mixtes, telles que la pétition d'hérédité, la demande en partage ou en bornage (*L.* 32, *C. de presc.* 30 *vel* 40 *annor.*).

Comme nous l'avons dit plus haut, celui auquel la prescription trentenaire serait opposée, ne pouvant alléguer l'exception déduite de la mauvaise foi, ne serait pas admis à combattre le moyen de la prescription accomplie par la délation du serment, mais il serait recevable à contester l'existence de la prescription, et pourrait, relativement à ce fait, déférer le serment à son adversaire.

Une rente, dont les arrérages n'auraient pas été exigés pendant trente ans consécutifs, serait prescrite. Mais, comme il serait toujours facile au débiteur, en acquittant exactement la rente pour qu'il n'y eût pas de demande, et en recevant des quittances ordinairement sous seing privé qui restent en sa possession, et contre lesquelles il n'est pas d'usage d'exiger des contre-quittances, de se prétendre libéré de la prescription, comme ayant cessé de faire le service de la rente depuis trente ans, la loi autorise le rentier à se faire délivrer un titre nouvel après vingt-huit ans de la date du dernier titre, aux frais du débiteur. Cette disposition est applicable aux rentes viagères comme aux rentes perpétuelles : *ubi lex non distinguit, nec nos distinguere debemus.*

L'absence de titre nouvel n'autorise pas à se prévaloir de la prescription, si les arrérages ont été exactement payés; mais si le débiteur nie avoir servi la rente, le créancier doit prouver qu'elle a été acquittée dans l'intervalle des trente ans, et ne peut le faire que par une preuve écrite émanée du débiteur, ou par l'interrogatoire sur faits et articles, ou par le serment décisoire.

§ 2. *Des prescriptions particulières.*

Ce paragraphe ne s'occupe que des prescriptions courtes qui n'ont pu trouver place dans les différents titres du Code qui précèdent le titre XX, de ces prescriptions appelées anciennement statutaires. Ce genre de prescription, dit M. Bigot, est basé sur les présomptions de payement qui résultent du besoin, que quelques créanciers de cette classe ont d'être promptement payés, de l'habitude dans laquelle on est d'acquitter ces dettes sans un long retard, et même sans exiger de quittance, et enfin sur les exemples trop souvent repétés de débiteurs et surtout de leurs héritiers, contraints en pareils cas à payer plusieurs fois. *Sunt introductæ* (dit Dumoulin, *Tract. de usuris quæst.* 11) *in favorem debitorum qui sine instrumento et testibus, ut sit, solverunt et præcipue heredum eorum.*

Le Code range en quatre classes ces prescriptions de courte durée, et, selon l'importance et la nature des choses sur lesquelles elles s'exercent, il les termine à six mois, un an, deux ans et cinq ans.

1° Se prescrivent par six mois :

a) L'action des maîtres et instituteurs des sciences et arts pour les leçons qu'ils donnent au mois.

Dans le cas où il aurait été convenu que les leçons des maîtres et instituteurs seraient payées à tant par an, nous croyons, comme M. Duranton, devoir appliquer par analogie la prescription relative aux apprentissages, qui est d'une année, et date de l'expiration du temps convenu. L'élève a fait un apprentissage sous le maître qui lui a donné des leçons pendant un temps déterminé, comme l'apprenti en fait un sous l'artisan qui lui apprend son état.

L'art. 2271 suppose un payement fait au mois; il ne recevrait pas son application dans le cas d'un marché fait sans écrit entre le professeur et l'élève, qui porterait un prix unique pour plusieurs années de leçons, la prescription trentenaire seulement aurait lieu.

L'action pour les leçons données à tant par cachet et payables selon l'habitude, après qu'elles ont été données, est prescriptible *a fortiori* par le laps de temps de six mois.

b) Celle des hôteliers et traiteurs à raison du logement et de la nourriture qu'ils fournissent.

Les hôteliers et traiteurs n'ont que six mois pour se faire payer du logement et de la nourriture qu'ils fournissent, soit qu'ils logent ou nourrissent accidentellement des voyageurs et étrangers qui passent chez eux, soit qu'ils logent et fournissent au mois ou à l'année. L'art. 2277, qui soumet à la prescription de cinq ans ce qui est payable par année est ici inapplicable. L'art. 2271 est spécial pour les individus qu'il désigne, et le § 2, fort différent du § 1er, ne fait pas de distinction et ne s'enquiert pas si les payements doivent être faits au mois ou à l'année.

Par *traiteur* il ne faut pas entendre les boulangers, bouchers et autres personnes qui font des fournitures, quoique leur genre de commerce concerne aussi les choses destinées à la nourriture; il vaut mieux les comprendre comme marchands, dans le § 3 de l'art. 2272.

c) L'action des ouvriers et gens de travail pour le payement de leurs journées, fournitures et salaires.

Par ouvriers, on entend aussi bien les maîtres que les compagnons. C'est un terme générique qui désigne toute personne qui fait quelque ouvrage par elle-même ou par ceux qui travaillent sous ses ordres.

Les ouvriers qui prennent un marché à forfait (art. 1799) sont affranchis de la disposition de l'art. 2271.

Les imprimeurs sont passibles de la prescription de six mois qui frappe les ouvriers, lorsqu'ils ne font que mettre leurs presses au service d'un auteur, quand même ils fourniraient le papier (ce n'est là qu'une fourniture secondaire et inférieure en valeur au prix de la main d'œuvre).

Mais ils sont soumis à la disposition de l'art. 2272, 3e al., lorsqu'ils vendent au public le produit de leurs presses; ils sont alors marchands. La difficulté peut naître de l'incompatibilité apparente de l'art. 2271 avec l'art. 2272, 3e al.

Comment, en effet, distinguer des marchands, les ouvriers et gens de travail auxquels il peut être dû des fournitures et des salaires? Tous les artisans sont gens de travail et marchands en même temps. Pour résoudre la difficulté, nous pensons comme MM. Vazeille et Dalloz (t. XI, ch. 1er, sect. IX, art. 5, § 4), que lorsqu'une personne peut être envisagée sous deux qualités, l'on doit rechercher celle qui domine soit habituellement, soit dans une circonstance donnée, et lui faire produire son effet. Ainsi, lorsqu'un tailleur façonne un habit avec le drap qu'on lui fournit, il n'est qu'ouvrier; il est marchand, s'il le confectionne avec le drap de sa boutique.

Le terme *gens de travail* s'applique non-seulement à quiconque fournit un travail grossier, il s'entend même d'un travail plus relevé, comme celui d'un chef d'atelier, employé dans une manufacture pour conduire les travaux moyennant un salaire convenu par jour; mais il est inapplicable aux *hommes de bureaux* qui louent leur travail moyennant une certaine rétribution, et sont soumis à la disposition de l'art. 2277. Chaque fourniture faite pour différentes causes, chaque ouvrage fait en divers temps, forment autant de créances diverses, donnant lieu chacune à une prescription diverse de six mois

2° Se prescrivent par un an : *a*) l'action des médecins, chirurgiens et apothicaires pour leurs visites, opérations et médicaments.

Nous croyons fondée en raison l'opinion de Pothier qui ne considérait la créance du médecin ou du chirurgien, qui a pour cause une même maladie, non comme composée d'autant de créances séparées qu'il y a eu de visites ou de pansements, mais comme une seule et même créance qui n'a été consommée que lorsque la maladie a pris fin par la mort ou la guérison du malade, et ne la faisait prescrire que de ce moment; mais les expressions générales de l'art. 2274 semblent devoir l'écarter.

b) Celle des huissiers pour le salaire des actes qu'ils signifient et des commissions qu'ils exécutent.

Chaque acte signifié forme une créance spéciale donnant lieu à une prescription distincte; mais il semble que la prescription ne doive courir à l'égard des huissiers chargés d'un commission que du jour de la conclusion de l'affaire ou de la révocation des pouvoirs (Vazeille, n° 675).

Puisque nous sommes dans une matière exceptionnelle, nous n'appliquerons pas la prescription qu'elle renferme contre les gardes du commerce (C. de com., art. 625), qui ne sont pas soumis d'ailleurs aux mêmes obligations.

c) Celle des marchands, pour les marchandises qu'ils vendent aux particuliers non marchands.

Cette prescription ne peut donc avoir lieu de marchand à marchand ; on suit à leur égard les règles du commerce qui donnent aux juges une latitude extrême pour arriver à la preuve (C. de com., art. 109), on consulte les livres des commerçants qui ont une certaine autorité. Cependant M. Maleville pense qu'il n'en est ainsi que pour les choses dont ils font commerce l'un et l'autre, et non pour celles qui ne sont pas la matière du commerce des deux.

Cette prescription est encore inapplicable à un marchand de profession qui a vendu, même à un particulier non marchand, une chose qui n'était pas de son commerce; l'article ne parle que de marchandises et non de denrées.

d) Celle des maîtres de pension, pour le prix de la pension de leurs élèves, et des autres maîtres pour le prix de l'apprentissage. Les maîtres de pension donnant à leurs élèves une éducation libérale et étant tenus envers les parents à des ménagements, avaient besoin d'un plus long délai que les traiteurs. Ne jouiraient pas de cette prescription, les individus tenant pension sans donner d'instruction : ils sont de véritables traiteurs. Les art. 2271 et 2272 ne regardent pas les personnes qui, sans esprit de spéculation, reçoivent à leur table, moyennant une indemnité, une autre personne, pour avoir une compagnie.

Les clercs d'avoués ou de notaires font aussi un apprentissage dans le sens le plus relevé du mot, et ont pour maîtres leurs patrons. Leurs pensions chez ces derniers sont donc aussi prescriptibles par le laps d'un an. Le texte de l'art. 2272 ne se prête pas de même à ce qu'on étende sa disposition aux pensions des nourrices : elles seront sujettes à la prescription portée par l'art. 2277, dern. al.

e) Celle des domestiques qui se louent à l'année, pour le payement de leur salaire. Le terme *domestique* ne comprend pas ici toutes les personnes payées par une autre et demeurant dans sa maison, mais seulement celles qui se louent pour des services réputés humbles et entraînant un assujétissement personnel. Les secrétaires, précepteurs, etc., qui rendent des services, sans servir personnellement, ne sont passibles que de la prescription de l'art. 2277.

3° Se prescrit par deux ans :

L'action des avoués pour le payement de leurs frais et salaires, à compter du jugement des procès, de la conciliation des parties, de la révocation desdits avoués, ou depuis la suppression de leur office (Cass., 19 août 1816, Sirey, 1817, 1, 378). A l'égard des affaires non terminées, ils ne peuvent former de demandes pour leurs frais et salaires, qui remonteraient à plus de cinq ans. Cette disposition fait cesser la grande variété de jurisprudence qui existait autrefois sur la durée de l'action des procureurs contre leurs clients, pour le payement de leurs frais et salaires. La différence établie sous le rapport de la prescription entre les affaires terminées et les affaires non terminées, est fondée sur ce que la présomption légale de payement est plus difficile à établir dans le second cas, où l'avoué a besoin de ménagements pour son client, et où la perspective d'une prescription biennale l'empêcherait de faire des avances pour la partie. Ces *frais et salaires* sont tous des déboursés quelconques faits par l'avoué, pour activer la marche du procès. Le jugement qui fait courir la prescription de deux ans ne peut être que le jugement définitif qui met fin au procès.

On ne peut, dans le silence de là loi, étendre aux honoraires des avocats, des notaires, des agents d'affaires et des agréés près les tribunaux de commerce la prescription exceptionnelle de l'art. 2273; la prescription de Droit commun, c'est-à-dire trentenaire, leur est seule applicable. Du reste, la remise de la grosse par le notaire à la partie, sans mention de réserve des frais et honoraires, établit une présomption qu'ils ont été payés par arg. art. 1283. Quand un avoué agit pour des affaires étrangères à son ministère, il est simple agent d'affaires et peut profiter de la prescription trentenaire.

La prescription dans les cas ci-dessus a lieu, quoiqu'il y ait eu continuation de fournitures, livraisons, services et travaux. La continuation de fournitures, services ou travaux ne fait que corroborer la présomption de payement, puisque le marchand ou l'ouvrier n'auraient pas continué leurs fournitures ou travaux, s'ils avaient eu à se plaindre de la mauvaise volonté de ceux avec qui ils ont eu des relations.

Elle ne cesse de courir que 1° lorsqu'il y a eu compte arrêté entre les parties; 2° cédule, c'est-à-dire acte sous seing privé ou obligation, c'est-à-dire acte devant notaires ou reconnaissance; 3° citation en justice non périmée. La fin de non-recevoir de six mois ou d'un an est fondée sur la présomption de payement; or, cette présomption cesse, lorsqu'un compte arrêté ou une reconnaissance de la dette ont mis entre les mains du créancier un titre écrit. Il est vraisemblable que le débiteur n'aurait pas acquitté ce qu'il devait, sans se faire donner une quittance écrite.

Mais quelle est la prescription qui aura cours lorsqu'il, sera intervenu un compte arrêté, une cédule, etc.

Il faut distinguer: Dans les cas où l'obligation portera sur une somme payable à des termes périodiques, d'un an ou au-dessous, l'art. 2277 donnera la règle de la prescription. Mais la prescription trentenaire seule aura lieu, si l'obligation est d'une somme fixe dont le payement ne dépendra pas d'une créance soumise à des termes périodiques, ou si la reconnaissance du débiteur embrassant le passé, convertit en un capital unique des sommes payables précédemment par mois ou par année.

La présomption de payement sur laquelle reposent ces prescriptions courtes, n'est pas tellement certaine, que la loi refuse au créancier tout moyen de l'ébranler. Il l'autorise en conséquence à déférer à l'adversaire le serment décisoire sur la question de savoir s'il a réellement payé. Mais l'art. 2275 semble écarter l'interrogatoire sur faits et articles du débiteur, si la seule défense du créancier se puisait dans la prescription et le serment supplétoire. Le serment peut être déféré aux veuves et héritiers, ou aux tuteurs de ces derniers, s'ils sont mineurs, pour qu'ils aient à déclarer s'ils ne savent pas que la chose soit due. Cette connaissance ou cette ignorance leur étant personnelles, les art. 1359 et 1362 ne contrarient pas ce que nous disons. S'il y a plusieurs héritiers demandeurs, le serment ne fait preuve qu'en faveur de ceux ou contre ceux qui l'ont prêté. Si la dette n'excède pas 150 fr., la reconnaissance de la dette devant témoins depuis l'époque à laquelle remonterait le payement allégué, détruit la présomption de payement sur laquelle reposait la prescription, et rend admissible la preuve testimoniale.

4° Les juges et avoués sont déchargés des pièces cinq ans après le jugement des procès; les huissiers, après deux ans, depuis l'exécution de la commission ou la signification des actes dont ils étaient chargés, en sont pareillement déchargés. La présomption de payement, qui base la prescription contre les avoués et les huissiers, fait naître par contre-coup celle que les parties ont, après le jugement de leur affaire, retiré leurs pièces. Le silence gardé par l'art. 2276 sur le cas où le procès n'est pas jugé, laisse le droit commun reprendre son empire. Cet article ramène encore au droit commun, dans le cas où la commission dont l'exécution sert de point de départ à la prescription contre les huissiers, n'a pas été exécutée. La prescription biennale n'a pas lieu d'ailleurs lorsque l'huissier a reçu pour le créancier les sommes réclamées; il est tenu de la restitution des deniers pendant trente ans, en sa qualité de mandataire.

Se prescrivent par cinq ans: les arrérages de rentes perpétuelles et viagères, ceux des pensions alimentaires, les loyers des maisons et le prix de fermé des biens ruraux, les intérêts des sommes prêtées et généralement tout ce qui est payable par année ou à des termes périodiques plus courts. La prescription quinquennale qui frappe tous les revenus qui se calculent par année ou à des termes périodiques plus courts, a traversé plusieurs siècles avant d'avoir un effet aussi étendu. Elle n'est pas seulement fondée sur une présomption de payement, mais plus encore sur une considération d'ordre public, énoncée dans l'ordonnance rendue par Louis XII, en 1510; on a voulu empêcher que les débiteurs ne fussent réduits à la pauvreté par des arrérages accumulés, épargner au débiteur le soin de conserver pendant trente ans des quittances si faciles à égarer, prévenir les contestations multipliées que causerait la question même des payements. Mais la prescription quinquennale ne peut être invoquée que par les débiteurs des rentes ou intérêts, et non par ceux qui auraient touché les intérêts ou arrérages au nom du créancier comme mandataires, séquestres, etc. : il s'agit alors de l'action de mandat, qui ne se prescrit que par trente ans. Si le créancier consent à accorder à son débiteur, sans cependant vouloir le gratifier, un plus long délai que celui prescrit par l'art. 2277, il pourra lui faire consentir à son profit une obligation qui sera soumise aux règles générales sur la prescription des actions personnelles. Les cinq ans doivent se calculer, à partir de l'échéance jusqu'à la demande judiciaire faite par les créanciers ou de l'interruption légale. La prescription quinquennale des loyers des maisons et des prix de ferme des biens ruraux est empruntée à l'ordonnance de 1629; mais le Code, au lieu de lui donner pour point de départ l'expiration des baux, soumet chaque annuité à une prescription spéciale, qui date pour chacune d'elles du moment où le créancier est en droit d'exiger l'année échue de loyers. La prescription quinquennale frappe les intérêts des sommes prêtées, c'est-à-dire de toutes celles laissées en crédit entre les mains du débiteur, avec obligation d'en servir les intérêts à des époques fixes, à moins que le créancier n'ait pu se faire payer avant un événement dont il a fallu attendre la réalisation. La crainte de la ruine des débiteurs étant admise comme un motif d'abréger le temps ordinaire de la prescription, on n'a dû excepter aucun des cas auxquels ce motif s'applique : aussi a-t-on soumis à cette prescription généralement tout ce qui est payable par année ou à des termes périodiques plus courts. L'autorité des arrêts de la Cour régulatrice semble devoir mettre un terme prochain à la diversité de jurisprudence qui régnait sur la question de savoir si les dispositions générales de l'art. 2277 comprennent dans la prescription quinquennale les intérêts pour prix de vente d'immeubles, et les intérêts moratoires accordés par des jugements (arr. 12 mars 1833, ch. civ., Sirey, t. XXXIII, 1, 299; 12 juin 1835, ch. civ., Dalloz, 1835, 1, 329; voy. arr. du 7 février 1826; Dalloz, 1827, 1, 162, et 14 juillet 1830, ch. civ., Sirey, t. XXX, 1, 246. Voy. aussi arr. C. Colmar, 26 juin 1820; arr., 12 mars 1833, ch. civ., Sirey, t. XXXIII, 1, 299; 12 juin 1835, Dalloz, 1835, 1, 329). Elle se refuse à appliquer la prescription de cinq ans à la restitution de fruits dus par un possesseur de mauvaise foi.

A la différence de la prescription trentenaire, qui ne court pas contre les mineurs et les interdits, les prescriptions de cette section (aussi celles qui ont d'autre objet) ont lieu contre les mineurs et interdits, sauf leur recours contre leur tuteur (C. c., art. 2252, C. de pr., art. 398). La qualité de ces personnes n'empêche pas la présomption de payement d'exister.

JUS ROMANUM.

DE USUCAPIONIBUS ET TEMPORALIBUS PRÆSCRIPTIONIBUS. DE USURPATIONIBUS.

PROEMIUM.

Usucapionem ex jure attico ad Romanos fluxisse admodum fit vero-simile vid. Plato de legibus lib. XII, p. 203, sq., vol. IX, oper. Platon oper Isocratis, tome II, p. 28. Romam eam invexerunt leges Decemvirales in quibus ita cautum legimus :

I. *Adversus hostem æterna auctoritas esto.*

II. *Usus auctoritas fundi biennii cæterarum rerum annuus usus esto.*

1. Usucapio, modus acquirendi juris civilis, non magis communis cum civibus erat quam mancipatio; videtur tamen postea hoc jus communicatum esse cum latinis junianis, iis que peregrinis quibus commercium datum erat (fragm. Ulp., XIX, 4), Quandoquidem mancipationis jus habuerunt. Post constitutionem antonini caracallæ omnibus ingenuis orbis romani cum civitate jus usucapiendi concessum est.

2. Quum eo tempore quo XII tabulæ condebantur, intra Italiam consisteret Romana potentia, factum est ut usucapio tantum in fundis

Italicis vel Italici juris procederet; non in provincialibus quorum supremum directumque Dominium erat penes populum romanum, nec in rebus in corporalibus quarum nulla possessio fieri poterat. Hinc inducta esse videtur adjuvandæ ejus gratiâ præscriptio longi temporis, scilicet exceptio diutinæ possessionis, quâ is, qui rem corporalem vel incorporalem usucapioni non obnoxiam, longo tempore ac bonâ fide possederat, se tueretur adversùs rem suam vindicantem.

Differebat ergo ab usucapione ratione rerum, ratione temporum, ratione effectûs acquisitionis.

Ratione rerum : Usucapio in solis rebus immobilibus italicis et tantùm corporalibus locum habebat, præscriptio ad jura etiam et prædiâ provincialia pertinebat.

Ratione temporum : Illa in mobilibus anno, in immobilibus biennio, hæc longo tempore, s. X annis inter præsentes, XX inter absentes constabat.

Ratione effectûs acquisitionis : Illa dominium quiritarium et civile adjiciebat; hæc dominium tantùm bonitarium et exceptionem tribuebat; contrà verò plus virium inerat in præscriptione, siquidem adversus pignorum quoque persecutiones uti poterat possessor exceptione, præter quòd huic deinde utilis in rem actio accommodata est.

Justinianus autem sublato discrimine inter dominium bonitarium et quiritarium, inter mancipi et nec mancipi res, conflavit veluti in unum (L. un. cod. de usucap. transform.) usucapionem rerum immobilium et longi temporis præscriptionem, res mobiles triennio, immobiles, inter præsentes decennio, inter absentes vicennio usucapi volens, simulque longissimi temporis præscriptionem quibusdam casibus retinuit.

Bono publico introducta est præscriptio, ne scilicet quarundam rerum diu et feriè semper incerta dominia essent, cum domini ad inquirendas res suas negligentiores fuissent et ne lites essent æternæ. Fundatur sub tacito consensu ejus contrà quem datur, et præsumptione justæ acquisitionis ex parte possessoris.

CAPUT PRIMUM.

DE ACQUISITIVA PRÆSCRIPTIONE.

SECTIO PRIMA.

De præscriptione ordinariâ.

Quinque conditiones requiruntur ad præscriptionem ordinariam perficiendam, nempe:

Res habilis, titulus, fides, possessio, tempus.

a) Res habilis. Præter 'res, quæ omnino in privatorum dominio esse nequeunt et omnem præscriptionem respuunt, veluti liberi homines, res sacræ, sanctæ, religiosæ et publicæ populi romani et civitatum (L. 9 et L. 45, D. de usurp. et usucap., XLI, 3) ; res meræ facultatis, nisi alterius prohibitio accesserit et agentis patientia; aliæ etiam præscriptionem ordinariam sive ex lege sive ex testamento non recipiunt, inter quas :

1) *Res vitiosæ.* Sunt vero duo possessionum vitia : *personalia,* id est, quæ ad tertium possessorem neutiquam transeunt, ut clandestinitas et precarium; *Realia* silicet quæ rei inhærent et ad quemvis possessorem transeunt, ut vis et vitium furtivi.

Lex XII tab. et deinde lex atinia furtivarum rerum, lex Julia et Plautia, rerum vi possessarum, inhibuerunt usucapionem, quia coercenda sunt furta et violentæ rerum alienarum invasiones, ut, dum fures et similes personæ difficiliùs inveniant emptorem, ab his delictis se abstineant. Cùm autem furtiva omnis res mobilis aliena malâ fide alienata habeatur, non facilè competit in rebus mobilibus usucapio; contingit tamen interdùm, ut si is, ad quem ancillæ ususfructus pertinet, partum etiam suum esse credens, quia et fœtus pecudum ad fructuarium pertinet, bonâ fide accipienti ex causâ justâ tradiderit : furtum non committit, quia furtum sine affectu furandi non intelligitur.

Expeditiùs procedit ut quis sine vi nanciscatur rei alienæ immobilis possessionem, quàm rei mobilis sine furto, ac proinde etiam facilius est ut res immobiles a bonæ fidei possessore usucapi queant; si tamen et immobilis res aliena ab extraneo fraudulenter alienata fuerit, nesciente domino et quia res ei competunt et quia alienatio facta est, non aliter hic excludetur nisi per tricennalem præscriptionem.

Res furtivæ et vi possessæ, reditu rerum tanquam ejus ad verum dominum longi temporis præscriptioni obnoxiæ fiunt.

2) *Res litigiosæ* circa litigantes, non ergà tertium bonæ fidei possessorem (Const. 9, C. de præsc. 30, vel 40 annor.; 7, 39).

3) *Res fisci,* scilicet, res fisco acquisitæ; nam, si antequàm fisco nunciatæ sint, id est, incorporatæ, traditæ sint bonæ fidei possessori, tunc usucapio procedit (L. 18, D. h. t. 41, 3), quia bona nondum fisco nunciata, manent in commercio.

4) *Res patrimoniales principis.* (Const. 1, 2, 3, cod. ne rei dominic. 7, 38).

5) *Res immobiles ecclesiarum,* mobiles ac immobiles ecclesiæ romanæ.

6) *Res adventitiæ filiorumfamilias et res dotales,* durante patriâ potestate vel matrimonio alienatæ, res dotales tamen nisi, antequàm constitueretur res dotalis, cœpisset possessio.

7) *Res pupillorum et minorum.* Non est enim incognitum, id temporis, quod in minore ætate transmissum est, longi temporis præscriptioni non imputari. Ea tunc currere incipit, quando ad majorem ætatem dominus rei pervenerit.

b) *Titulus.* Est causa ad dominium transferendum idonea : justus titulus adest si quis, ex causâ per quam rei dominium adeptus esset, nisi vitium aliquod irrepsisset, possessionem acquisierit. Hi sunt tituli pro donato, pro emptore, pro herede, pro suo, etc.

Non ergo sufficit : I. Contractus simulatus et fictus. Const. 1, C. Plus valere quod agitur.

II. Nec titulus revocabilis, veluti mortis causâ donatio.

III. Nec opinio erronea justæ causæ; veluti si quis, cùm non emerit, emisse se existimans, possideat, error enim falsæ causæ usucapionem non parit. Aliud tamen si error justus ac tolerabilis esset, veluti ignorantia facti alieni, non error juris; ita, si emero sine tutoris auctoritate a pupillo, quem puberem esse putem, dicamus usucapionem sequi, ut hic plus sit in existimatione quàm in re. Quòd si sciam pupillum esse, putem tamen pupillis licere res suas sine tutoris auctoritate administrare, non capiam usu, quia juris error nulli prodest.

c) *Fides.* Accedat etiam bona fides necesse est. Bona fides est opinio possessoris, eum a quo rem accepit, dominum esse et jus transferendi dominium habere, ut proinde se statim dominum effectum esse credat. Quemadmodùm autem juris error in usucapionibus non prodest possessori, sic etiam malæ fidei possessori similis habetur, qui de eo, annon dominii acquirendi justa adsint impedimenta, certis rationibus dubitare poterat. Præterea si quod vere officit dominio transferendo impedimentum ignoratur, nihilominùs mala fides obstat usucapioni (L. 32, § 1, D. h. t.). Sin nullum subest impedimentum, tum nec mala fides impedit dominii transitum, siquidem plus esse solet in re quàm in existimatione.

Dùm in perceptione fructuum interrupta esse non debeat bona fides, in præscriptione longi temporis sufficit jure romano bonam fidem ab initio possessionis adesse, nec mala fides superveniens impedit quominùs perficiatur usucapio, quia ab initio possessionis dominus factus esset possessor, nisi aliquod vitium ignoratum irrepsisset et cæterum *quæ semel utiliter constituta sunt et juris auctoritate firmata perdurant licet casus extiterit a quo non potuissent inchoari.*

In emptione vero utrumque tempus inspici placet et quo contrahitur et quo res traditur.

d) *Possessio.* Non potest enim usucapio contingere sine possessione, non naturali, sed cui subsit dominii animus et quæ præterea talis esse debet :

1° *Continua et non interrupta.* Continuitas differt ab usurpatione. Continuitas possessorem ipsum spectat, adest animo possidendi continuo : licet enim possessio nudo animo acquiri nequeat, tamen solo animo retineri potest. Præterea, olim possessor hodiè possessor præsumitur et ex possessione de præterito arguitur possessio de præsenti et medii temporis, nisi contrarium probetur.

Usurpatio ad factum alienum pertinet et fit naturaliter vel civiliter.

Naturaliter : cùm quis de possessione vi dejicitur vel alicui res eripitur. Quo casu non adversus eum tantùm qui eripit, interrumpitur possessio, sed adversus omnes (aliter quùm fit civiliter usurpatio). Nec eo casu quicquam interest, is qui usurpaverit, dominus sit necne. Ac ne istud quidem interest pro suo quisque possideat, an ex lucrativâ causâ (LL. 5, 15, et 31, § 5, H. t. 41, 3).

Civiliter: citatione in judicium legitimè factâ vel etiam oblatione libelli, quum domino licentia non sit possessorem absentem vel infantiâ vel furore laborantem, vel tutorem aut curatorem habentem, in jus vocare. Præscriptio per citationem in judicium interpellabatur, quamvis actor postea judicium non secutus fuerit, sed non usucapio (LL. 2, § 21, ff. pro emptor (41, 4) 18, ff. de reiv.; 2, cod. de long. temp. præsc. (7, 33).

Usurpatio, si non secuta est sententia absolutoria quâ possessio etiam lite pendente continuetur et ad usucapionem adimplendam prosit, antecedentem possessionem ad nihilum redigit, atque novam et legitimam possessionem ad adipiscendam usucapionem necessariam facit (L. 15, § 2, D. h. t. (41, 3).

Quamvis continua nec non interrupta debeat esse possessio, non tamen necesse est semper penes unum eam fuisse; verum etiam per successores continuatur possessio (vocatur accessio possessionis) sive per universitatem successio fiat, sive in singulas res. Est autem quod differat inter utrumque successorum genus: Defuncti possessio hæredibus continuatur, nisi ab ejus morte usurpatio legitima intercesserit. Si hæc possessio justum habuit initium, hæredibus prodest et non ignorantibus rem esse alienam; quòd si defunctus malà fide possidere cæpisset, hæredes et bonorum possessores ne inchoare quidem usucapionem ex suâ personâ possunt, etiamsi ad alium pertinere rei dominium igno-

<table><tr><td>v</td><td></td><td>6.</td></tr></table>

rent, quia succedunt in omnia jura defuncti adeo que in ejusdem vitia.

Quod ad singulares successores, qui personam auctoris non sustinent, attinet, possessioni ejus suam ipsam conjungere nequeunt, nisi sit utraque bonæ fidei ; nam ne vitiosæ quidem possessioni ulla potest accedere, nec vitiosa ei quæ vitiosa non est ; sed ex suâ personâ usucapionem inchoare possunt quæ ceterum, nisi per tricennalem præscriptionem absolvitur in casu novellæ 119, c. 7.

2° *Non vi acquisita esse debet.* Res etenim vi possessæ eximuntur ab usucapione, donec in potestatem domini reversæ sint.

3° *Nec clam.* Clandestinitas, ut vis, ex initio possessionis æstimatur : sic servum tuum a titio bonâ fide emi et traditum possedi, deinde, cum comperissem tuum esse, ne eum peteres, celare cœpi, non ideò magis hoc tempore clàm possidere videri me, ait. Retrò quoque, si sciens tuum servum non a domino emerim, et tum clàm eum possidere cœpissem, postea certiorem te fecerim, non ideò desinere me clàm possidere.

4° *Nec precario.* Tunc abest animus dominii habendi, cùm nemo sibi causam possessionis mutare possit. Aliter si aliquâ extrinsecus accedente causâ intervertatur possessionis titulus.

e) *Tempus.* Quæ priùs requisita si adsint, res mobiles triennio, immobiles decennio inter præsentes, id est, qui in eàdem provinciâ domicilium habent, vicennio inter absentes scilicet, qui in diversis provinciis sunt, ubicumque res positæ sint, usucapiuntur. Si quis autem inter præsentes per aliquod temporis spatium et iterum inter absentes possederit, hæc computatio fit, ut duo anni inter absentes pro uno anno inter præsentes accipiantur. In usucapionis tempore metiendo ultimus dies cœptus habetur pro impleto ; si ergò minimo momento novissimi diei possessa sit res, nihilominùs repleatur usucapio, nec totus dies exigitur ad explendum constitutum tempus. In omnibus verò temporalibus actionibus nisi novissimus totus dies compleatur, non finit obligationem.

SECTIO II.

De præscriptione extraordinariâ vel longissimi temporis.

Justinianus triginta vel quadraginta annorum præscriptioni quæ antea non nisi in solius exceptionis terminis constiterat, dominii transferendi rerum omnium quæ nobis longo tempore acquiri non possunt, similiterque earum quas sine justo titulo præcedente possidemus, vim tribuit. Titulum hæc præscriptio, si qui deest, supplet et plerumque etiam alia usucapionis impedimenta obtegit, nisi quatenus ex possessoris malâ fide oriantur. Triginta, quadraginta vel centum annorum decursu adimpletur. Triginta annis præscribuntur:

. I. Res vitiosæ bonâ fide possessæ.

II. Res minorum (L. 3, cod. quib. long. temp. non obst.).

III. Res adventitiæ filiorumfamilias (Nov. 22, c. 24).

IV. Res a malæ fidei possessore alienatæ, modo ipse possessor in bonâ fide sit, et verus dominus rem ad se pertinere ac alienationem factam esse, ignoret (Nov. 119, c. 7).

V. Res lege aut testamento alienari prohibitæ (L. 2, C. de usuc. pro empt.).

Pertinet autem quadragenaria præscriptio:

1. Ad res patrimoniales principis atque ex plerorumque quidem opinione etiam ad fisci (L. ult., C. de fund patrim.).

2. Res pupillorum.

3. Res ecclesiarum immobiles atque corporum piorum.

4. Res immobiles civitatum.

5. Res de quibus lis mota, at rursus omissa est, scilicet ut a parte rei non aliter impleri possit præscriptio, nisi quadragenarium post litem intermissam transactum sit tempus.

Tandem centum annis præscribuntur: res ecclesiæ romanæ, quæ sola hoc centum annorum spatio vel privilegio gaudet (auth. quas actiones c. de sacro sanctis ecclesiis).

SECTIO III.

De præscriptione immemoriali.

Affine præscriptioni, non autem propriè præscriptio est, præscriptio immemorialis (L. 2, § 1, 7; L. 23, § 2, ff. De aq. et aq. pluv. arcend.). Hanc interpretamur possessionis vel jurium libertatisve quasi possessionis auctoritatem, quæ vetustate nititur, eaque tali, quæ hominum memoriam excedit. Modus est probandi a lapsu temporis immemorialis desumtus, jus aliquod a majoribus nostris legitime esse acquisitum. Hæc probatio non solum testibus fieri potest, verum etiam aliis probandi subsidiis ut instrumentis, ut jurejurando. De testium ætate nec omnino de temporis spatio quo scilicet res ita constiterit, uti nunc est, certi quidquam statui potest. Præscriptioni immemoriali locus est etiam in illis causis, ubi præscriptio vere sic dicta exulat, modo jus legitimè acquiri et haberi possit ab eo qui ad præscriptionem immemorialem confugit.

SECTIO IV.

Quid sit actio rescissoria ? Quid publiciana ?

Licet autem præscriptione acquiratur dominium, verique domini jus extinguatur et hinc expletâ præscriptione domino superveniente et rem suam vindicaturo, valide obstet exceptio præscriptionis; prætor tamen domino priori aliquando concedit actionem rescissoriam quæ est actio prætoria, realis, data illi cujus res, durante absentiâ suâ justâ vel ab adversario absente est usucapta, ad usucapionem rescindendam, et rem cum omni causâ restituendam (§ 5, I. de act. L. 1, sq. D. Quib. ex caus. major.). Fingitur hìc dominus esse qui probare nequit, quemadmodum in publicianâ, id est, prætoriâ in rem actione, in quâ dicit is, qui possessionem amisit, eam se usucepisse, quam non usucepit, et ita vendicat suam esse.

CAPUT II.

DE EXTINCTIVA PRÆSCRIPTIONE.

Exceptis quibusdam prætoriis actionibus, quæ intra annum tantùm dabantur, omnes actiones olim in perpetuum competebant, donec sacræ constitutiones tàm in rem quàm in personam actionibus certos fines dedissent, quasi creditor debitum remisisse censns fuisset, qui longo tempore agere neglexit. Justinianeo jure reales actiones durant quamdiù illud jus in re ex quo nascuntur, perdurat, in rebus mobilibus per tres, in immobilibus per decem, si sit præsens dominus, viginti si absens sit actor. Imperator vero (L. 7, C. de præsc. 30 vel 40 annor.), hypothecarum persecutionem quæ rerum movetur gratiâ vel apud debitores consistentium vel apud debitorum heredes, non ultra quadraginta, apud extraneos ultrà triginta, annos prorogari. Quasi privilegio ecclesiarum domuumque venerabilium actiones XL annis præscribi voluit (Nov. 111 et 131). — Quamvis personales actiones 30 annis excludantur, tamen ad pœnam si tendant criminalem, 20 annis (L. 12, C. ad leg. cornel. de fals.); quinquennio, si ex delicto carnis, non concurrente alio crimine, sint nàtæ (L. 29, § 6, D. ad leg, Jul. de adulter.; L. 39, D. eod.). Actiones prætoriæ personales quæ ad rescissionem actus, et sic apparenter contrà jus civile sunt, temporariæ et annales habentur (L. 6, § ult.; L. 10, § 18, quæ in fraud. credit.). Tempus autem ex momento natæ actionis computatur, neque currit agere non valenti (præscriptio dormit); interrumpitur vero actione quovis modo institutâ. Perfectæ præscriptionis vis actionem in perpetuum tollit neque tamen jus ipsum vel obligationem ipsam, ex quo quàve actio oriebatur extinguit, unde etiam ab usucapione X vel XX annorum distinguenda est.

PROCÉDURE CIVILE.

DE L'EMPRISONNEMENT POUR DETTES.

On appelle *contrainte par corps* et le droit qu'a un créancier de faire une exécution sur la personne de son débiteur pour le contraindre à remplir ses obligations, et l'exécution elle-même. Cette exécution se fait par le moyen d'une arrestation et d'un emprisonnement, ou par la rétention dans la prison du débiteur déjà incarcéré.

Cette partie de la législation était autrefois, plus que toute autre, remplie d'abus et de contradictions. L'ordonnance (tit. 34) s'était beaucoup occupée des cas de contrainte, sans rien prescrire pour le mode d'exécution, source féconde de vexations et de procédures ruineuses. L'édit de 1778, en créant des gardes du commerce à Paris, avait apporté à cet état fâcheux de choses un remède que le Code a perfectionné, en mettant à profit une partie des dispositions de la loi du 15 germinal an VI.

La procédure en fait d'emprisonnement est ou commune ou particulière, selon que l'emprisonnement a lieu par la contrainte commune ou par celle propre et provisoire permise à l'égard des étrangers non domiciliés en France (*Cours de procédure civ.*, par M. Rauter, § 335).

SECTION PREMIÈRE.

Emprisonnement commun.

La contrainte par corps ne peut être appliquée qu'en vertu d'un jugement. Un titre exécutoire serait sans force par lui-même pour faire exécuter la contrainte par corps; la prudence et les lumières du juge offrent seules une garantie suffisante pour que le législateur puisse leur accorder le pouvoir de priver le citoyen de son bien le plus précieux. La contrainte par corps ne peut même être exercée en vertu d'un second jugement, la chose jugée est invariable : ce principe reçoit toutefois exception dans le cas de l'art. du Code civil 2061, mais *exceptio firmat regulam*. Le jugement qui prononce la contrainte est toujours susceptible d'appel quant à ce chef, lors même qu'il statue en dernier ressort sur le fond ; mais alors l'appel n'est pas suspensif (L. du 17 avril, art. 20), de même qu'il ne l'est pas dans le cas de l'art. 2068.

La règle posée par l'art. 2067 n'est pas applicable :

1° Aux affaires criminelles, correctionnelles, commerciales, ou qui intéressent le trésor public.

2° Aux étrangers non domiciliés dont on peut obtenir l'arrestation provisoire lorsque leur dette est exigible, et sans être tenu de la signification et du commandement exigés par le Code (art. 780 ; loi du 17 avril, art. 14-16-32).

3° Aux cautions qui ont fait une soumission (C. dé pr., art. 519).

La contrainte par corps doit être précédée de la signification avec commandement du jugement qui a prononcé la contrainte, au moins un jour avant la mise à exécution. Cette signification est faite par un huissier commis par ledit jugement ou par le président du tribunal de première instance du lieu où se trouve le débiteur. Elle contient élection de domicile dans la commune où siége le tribunal qui a rendu le jugement, si le créancier n'y demeure pas, afin que le débiteur n'aille pas chercher au loin le créancier, au cas qu'il croie devoir s'opposer à l'exécution. Si le tribunal qui a rendu le jugement est un tribunal de commerce, comme il ne connaît pas de l'exécution, laquelle appartient au tribunal civil du domicile du débiteur, c'est dans le lieu de ce dernier tribunal que l'élection doit être faite ; si le jugement était susceptible d'opposition, il faudrait faire aussi élection dans le lieu où siége le tribunal de commerce.

Le jour de délai est un jour franc : l'article qui, dans le projet, l'exprimait formellement, a été écarté comme surabondant devant l'art. 1033.

Le commandement se périme par un an (art. 784) ; un nouveau commandement est donc nécessaire, s'il s'est écoulé un an depuis le commandement. Il est même dans le vœu de la loi qu'il soit accompagné de la signification du jugement, afin que le débiteur soit dûment averti, à une époque rapprochée de l'exécution, des poursuites rigoureuses dont il doit être l'objet, et du montant des sommes pour le payement desquelles il sera contraint.

Pour que l'huissier puisse faire le commandement, il n'a besoin que d'être muni du jugement; mais pour procéder à l'arrestation, il doit être muni d'un pouvoir spécial écrit, exigé dans l'intérêt du débiteur.

On peut faire l'arrestation tous les jours, à l'exception des jours de fête légale. M. Favard pense cependant qu'elle peut avoir lieu ces jours en vertu d'une permission du juge accordée d'après l'art. 1037 du Code de procédure.

On ne peut la faire pendant le temps de la nuit que détermine l'art. 1037, ni dans les édifices consacrés au culte, mais pendant la durée des exercices religieux seulement; après ces exercices, l'art. 784, cinquième alinéa, serait applicable; ni dans le lieu des séances des autorités constituées et pendant les séances. On ne peut arrêter quelqu'un dans une maison quelconque, même dans son domicile, à moins qu'il n'ait été ainsi ordonné par le juge de paix du lieu, lequel devra, dans ce cas, se transporter dans la maison avec l'officier ministériel, soit pour écouter les réclamations, soit même, dans le cas où il n'y en aurait pas ou qu'elles seraient mal fondées, pour prévenir la rébellion et les excès.

Les pairs et les députés ne sont pas passibles de cette contrainte dans certaines circonstances et en l'absence de certaines formalités (voy. C. const., art. 43, *id.* 29, et résolution de la chambre du 25 avril 1822).

On ne peut arrêter un débiteur porteur d'un sauf-conduit, c'est-à-dire d'une ordonnance rendue sur les conclusions du ministère public, par le juge d'instruction ou le président du tribunal, ou de la

Cour où le témoin devra être entendu, et par laquelle il est défendu d'emprisonner le débiteur témoin, pendant les jours que détermine cette ordonnance, et qui sont: 1° ceux nécessaires pour aller déposer; 2° ceux fixés pour sa comparution; 3° ceux nécessaires pour revenir. Il résulte d'un avis du conseil d'État du 30 avril 1807 que les juges de paix ne peuvent accorder de sauf-conduit. En l'absence de toutes ces formalités, le débiteur pourrait demander la nullité de l'emprisonnement. L'arrestation est faite par un huissier, assisté de deux recors; à Paris, par un des gardes du commerce (voy. C. de comm., art. 625, et décret du 14 mars 1808). L'huissier dresse procès-verbal de capture, qui contiendra, outre les formalités ordinaires des exploits : 1° itératif commandement; 2° élection de domicile dans la commune où le débiteur sera détenu, si le créancier n'y demeure pas. M. Pigeau pense que cette élection ne fait pas cesser celle du commandement, parce que la loi ne le dit pas et qu'il peut être utile au débiteur de faire des notifications à l'un et à l'autre domicile.

En cas de rébellion, l'huissier pourra établir garnison aux portes pour empêcher l'évasion et requérir la force armée, et le débiteur sera poursuivi conformément aux dispositions du Code d'instruction criminelle, quand elle sera accompagnée de violences et de voies de fait (C. pén., art. 209 et suiv.). Si le débiteur requiert qu'il en soit référé (L. du 17 avril, art. 22), il sera conduit sur-le-champ devant le président du tribunal de première instance du lieu où l'arrestation aura été faite, lequel statuera en état de référé; si l'arrestation est faite hors des heures de l'audience, le débiteur sera conduit chez le président. Il peut le faire même avant l'arrestation, quand il a reçu le commandement, pour faire suspendre provisoirement l'exécution : il y a un véritable cas d'urgence (art. 806).

L'ordonnance sur référé sera consignée sur le procès-verbal de l'huissier et sera exécutée sur-le-champ. Si le débiteur ne demande pas un référé, ou si, en cas de référé, le président ordonne qu'il soit passé outre, le débiteur sera conduit dans la prison du lieu; et, s'il n'y en

v   7.

a pas, dans celle du lieu le plus voisin. L'huissier et tous autres qui conduiraient, recevraient ou retiendraient le débiteur dans un lieu de détention non légalement désigné comme tel, seront poursuivis comme coupables du crime de détention arbitraire.

Le dépôt de la personne capturée est constaté par un acte d'écrou ; cet acte énoncera : 1° le jugement ; 2° les noms et domicile du créancier ; 3° l'élection de domicile, s'il ne demeure pas dans la commune ; 4° les noms, demeure et profession du débiteur ; 5° la consignation d'un mois d'aliments (L. du 17 avril, art. 28 et 29), qui est, à Paris, de 30 fr. pour chaque période de trente jours et pour les départements, de 25 fr. ; elle devra être faite d'avance. La consignation n'est cependant pas nécessaire si l'emprisonnement se fait à la requête de l'État ; mais le prisonnier doit être nourri sur les fonds des prisons. 6° Enfin mention de la copie qui sera laissée au débiteur, parlant à sa personne, tant du procès-verbal d'emprisonnement que de l'écrou. Il sera signé de l'huissier. L'huissier doit aussi représenter le jugement qui autorise l'arrestation, afin que le geôlier le transcrive sur son registre : sinon le geôlier refusera de recevoir le débiteur et de l'écrouer.

Le créancier sera tenu de consigner les aliments ; les aliments ne pourront être retirés lorsqu'il y aura recommandation, si ce n'est du consentement du recommandant ; mais le créancier qui a fait emprisonner, pourra se pourvoir contre le recommandant devant le tribunal du lieu où le débiteur est détenu, à l'effet de le faire contribuer au payement des aliments par portion égale.

Le débiteur pourra être recommandé par ceux qui auraient le droit d'exercer contre lui la contrainte par corps. Celui qui est arrêté comme prévenu d'un délit, peut aussi être recommandé, et il sera retenu par l'effet de la recommandation, encore que son élargissement ait été prononcé et qu'il ait été acquitté du délit. Les formalités prescrites pour l'emprisonnement sont exigées pour les recommandations, véritables exécutions de la contrainte par corps ; néanmoins, l'huissier ne sera pas assisté de recors, et le recommandant sera dispensé de consigner les aliments, s'ils ont été déjà consignés, sous la réserve portée en l'art. 793, 2ᵉ al.

A défaut d'observation des formalités ci-dessus prescrites, le débiteur pourra demander la nullité de l'emprisonnement, et la demande sera portée au tribunal du lieu où il est détenu, à moins que la nullité ne roule sur le fond, auquel cas le for est le tribunal de l'exécution du jugement.

Dans tous les cas, la demande pourra être formée sans conciliation (art. 49) à bref délai, en vertu de la permission du juge donnée sur requête et au domicile élu dans l'écrou. Elle est jugée sommairement, sur les conclusions du ministère public, et elle l'est sans instruction à la première audience, préférablement à toute autre cause, sans remise ni tour de rôle (art. 805). La nullité de l'emprisonnement, pour quelque cause qu'elle soit prononcée, n'emporte point la nullité des recommandations, pourvu que les recommandations soient elles-mêmes valables à la forme et au fond. L'annulation de l'emprisonnement pour vice de forme emporte, sans autre condition (quoique l'art. 798 semble en imposer une), l'élargissement, mais n'empêche pas un nouvel emprisonnement qui ne pourra toutefois avoir lieu pour la même dette qu'un jour au moins après la sortie du débiteur. L'annulation de l'emprisonnement peut entraîner contre le créancier des dommages-intérêts envers le débiteur. Dans tous les cas, et sans préjudice à la demande en nullité, le débiteur peut obtenir son élargissement moyennant la consignation, entre les mains du geôlier de la prison, des causes de son emprisonnement et des frais de la capture, lesquels ne sont jamais que les frais de l'instance, d'expédition et de signification du jugement et de l'arrêt, s'il y a lieu; ceux enfin de l'exécution relative à la contrainte par corps seulement. Cette consignation n'étant qu'un moyen d'élargissement indiqué par la loi, ne peut être regardée comme un aveu de la dette. En cas d'annulation pour vice de forme, la somme consignée ne doit être délivrée au créancier que sauf les dommages-intérêts du débiteur*(*Cours de procéd. civile*, de M. Rauter, § 340).

Nous avons dit que les nullités de forme ou de fond emportent l'élargissement ; on peut encore l'obtenir pour les causes et d'après les modes suivants :

Causes. 1° Le consentement donné sur le registre d'écrou ou devant notaire par les créanciers qui ont fait emprisonner et les recommandants. Le consentement peut même n'être qu'implicite, pourvu qu'il résulte nécessairement de l'acte, comme si le créancier a signé un concordat, l'élargissement ainsi obtenu exclut toute nonvelle contrainte de sa part, si ce n'est pour défaut d'accomplissement du concordat.

2° Le payement ou la consignation des sommes dues, tant au créancier qui a fait emprisonner qu'au recommandant, des intérêts échus, des frais liquidés, de ceux d'emprisonnement et de la restitution des aliments consignés (art. 802). En matière civile, la consignation du tiers du principal de la dette et de ses accessoires en donnant caution pour le surplus (L. du 17 avril, art. 24 et suiv.) ; à l'égard des délinquants contraignables pour amendes, dépens, etc., voy. art. 34—41 ibid.

3° Cession de biens, lorsque le bénéfice en a été accordé (C. civ., art. 1270 ; C. de com., 568 et suiv.). En matière criminelle, l'insolvabilité prouvée fait aussi affranchir de la contrainte exercée par l'État pour amendes et frais, lorsque l'emprisonnement a duré de quinze jours à quatre mois, selon leur quotité (L. du 17 avril, art. 35).

4° Défaut de consignation d'aliments. Dans ce cas, les créanciers ne peuvent faire incarcérer de nouveau le débiteur pour la même dette (L. du 17 avril, art. 31).

5° Quand le débiteur non stellionataire a atteint sa soixante-dixième année, même en matière commerciale.

6° Lorsque l'incarcération a duré pendant les intervalles suivants :

1. *Dettes civiles.* Un an à dix ans, ou seulement un an à cinq ans, s'il s'agit de condamnation facultative ou bien de fermages ruraux (C. civ., art. 2062). Dans toutes ces hypothèses, le temps précis de l'incarcération est fixé entre ces limites par le jugement qui autorise la contrainte ; autrefois, au contraire, l'incarcération était illimitée en matière civile.

2. *Dettes commerciales.* Un an pour moins de 500 fr.; deux, pour moins de 1,000 fr.; trois, pour moins de 3,000 fr.; quatre, pour moins de 5,000 fr.; cinq, pour les sommes plus fortes.

3. *Dettes d'étrangers.* Le double de ces temps divers.

Dans tous ces cas, le temps d'incarcération subie est imputable sur l'incarcération nouvelle faite pour dettes anciennes devenues exigibles avant l'élargissement.

Modes. La loi en prescrit trois :

1. Dans la plupart des cas précédents, les demandes en élargissement sont formées à bref délai devant le tribunal du lieu de détention, et en vertu de la permission du juge donnée sur requête, au domicile élu dans l'écrou, communiquées au ministère public et jugées sans instruction à la première audience, préférablement à toute autre cause.

2. Dans le second cas, si le geôlier refuse la consignation de ce qui est dû au créancier, on l'assigne par huissier commis et à bref délai devant le même tribunal.

3. Dans le troisième, on obtient l'élargissement sur une simple requête présentée, sans sommation, au président, mais accompagnée du certificat de non-consignation des aliments.

SECTION II.

Emprisonnement particulier.

L'emprisonnement provisoire du débiteur étranger est réglé par le titre III dé la loi du 17 avril 1832. Il se fait en vertu d'une ordonnance du président du tribunal du lieu de la résidence du débiteur qui l'accorde, s'il y a des motifs suffisants, sur la requête du créancier français. Le créancier qui l'a obtenu, est tenu de se pourvoir en condamnation dans la huitaine de l'arrestation.

FIN.

www.ingramcontent.com/pod-product-compliance
Ingram Content Group UK Ltd.
Pitfield, Milton Keynes, MK11 3LW, UK
UKHW022150070726
13613UKWH00003B/1470